EMILE BLÉMONT

# Poèmes de Chine

Préface par Paul Arène

FAC ET SPERA

PARIS

ALPHONSE LEMERRE, EDITEUR

27-31 PASSAGE CHOISEUL 27-31

--

M DCCC LXXXVII

# Poèmes de Chine

# DU MÊME AUTEUR

A LA MÊME LIBRAIRIE

ÉMILE BLÉMONT

# Poèmes de Chine

« *Pour remuer terre et ciel, pour exalter esprits et génies, incomparables sont les vers.* »

CONFUCIUS. — *Le Livre des Vers.*

*Préface par Paul Arène*

FAC ET SPERA

PARIS

ALPHONSE LEMERRE, ÉDITEUR

27-31 PASSAGE CHOISEUL 27-31

M DCCC LXXXVII

# A MADAME ÉDOUARD LOCKROY

ce léger bouquet de fleurs exotiques

est respectueusement offert

par son bien dévoué serviteur

E. B.

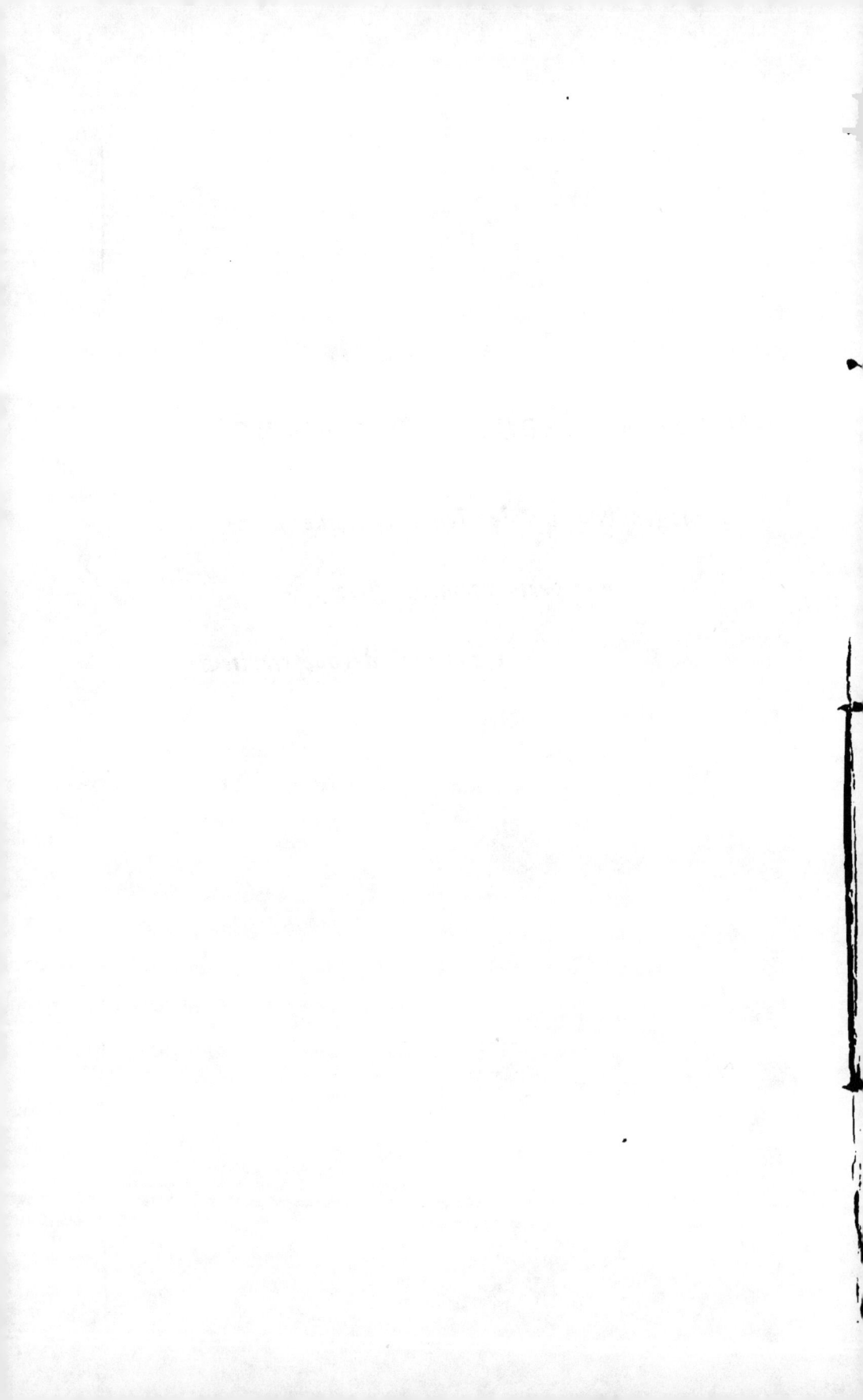

# PRÉFACE

# PRÉFACE

Mon cher Blémont,

Il y a eu erreur d'adresse! La plume vous aura fourché, écrivant Paul au lieu de Jules; et, puisqu'il s'agit de Préface, c'est certainement à mon frère et non pas à moi, c'est à l'auteur compétent de La Chine familière, que vous aviez l'intention de demander quelques lignes pour annoncer un recueil de poèmes imités du chinois.

En effet, nul mieux que lui, parmi nos amis, n'aurait pu dire par quel miracle de patience et d'ingéniosité vous avez, sans que l'arome s'en évaporât, transvasé dans le cristal de la strophe française cette pure essence orientale d'un exotisme si volatil; nul — c'est bien le moins qu'entre mandarins improvisés on abuse de la métaphore — nul mieux que lui n'aurait pu dresser au seuil de votre livre un de ces petits arcs plus hospitaliers que triomphaux, sculptés modérément, mais ornés d'antiques et savantes devises, qui accueillent le visiteur à l'entrée du jardin minuscule et artificiel, où les lettrés du Céleste-Empire se réunissent pour se dire des vers et s'offrir des tasses de thé.

Mais après avoir été chinois treize ans, quatre ans tunisien, voici que ses destins consulaires ont rendu mon frère andalous. Algésiras est loin, très loin, là bas, en face du Maroc, pardelà les colonnes d'Hercule. Une lettre mettrait longtemps à aller, longtemps à revenir; et ici, rue des Grands-Augustins, les bons imprimeurs s'impatientent. J'écrirai donc les quelques lignes, puisqu'il le faut; et tant pis si les sottises que je vais dire font se dresser sur son crâne rasé, toute droite, la mèche de Si-Tien-Li.

Et d'abord, que je vous félicite d'avoir songé à ces

pauvres Chinois! Un moment, vous le savez, le Chinois
fut à la mode. Théophile Gautier, Louis Bouilhet,
s'éprirent un jour de la Vénus aux yeux bridés, aux
ongles roses, dont les petits pieds paresseux trébuchent
dans les plis du satin roidi par des monstres en or ; et les
chimériques pays qu'arrose le Fleuve Jaune, avec leurs
pavillons sur l'eau, leurs bateaux de fleurs illuminés,
retentissant de frêles musiques, et leurs tours de porce-
laine dont la silhouette bizarre se dresse sur un ciel
uni, traversé de vols de cigognes, furent la dernière
contrée où le romantisme planta son pennon bariolé de
conquérant inventeur de mondes.

Puis l'Exposition de 1878, dans son gigantesque
déballage, nous apporta les Japonais. Vous rappelez-
vous l'engouement ? Le japonisme devenait une religion,
dont Goncourt fut le messie et Philippe Burty le Jean-
Baptiste précurseur. On s'extasiait, non sans raison,
devant les merveilles d'un art exquis en sa nouveauté,
oubliant que ce n'était là qu'une fleur — délicate, certes,
et d'un coloris délicieux — éclose sur le tronc combien
de fois séculaire de l'art chinois !

Car les Chinois, en décadence aujourd'hui, furent
de grands artistes à leur heure ; et nos fabricants japo-
nais de masques, de crépons et de gardes-de-sabre,

malgré leur fécondité décorative, leur sentiment de l'échantillonnage des tons, l'amusante alchimie de leurs patines et la prestesse de leurs tours de main, n'ont rien produit qui se puisse comparer aux bronzes d'un si noble style, aux peintures sur soie, calmes et simples comme de belles fresques, dont la Chine, jadis, décora ses palais et ses temples.

De la poésie japonaise, par exemple, personne ne parlait. On eût dit qu'il n'existait pas de poésie japonaise. Ce qui prouverait qu'une littérature s'improvise moins aisément qu'une école de dessin ou qu'une fabrique de précieux petits pots et de laques agréablement décorés.

D'ailleurs cette flambée d'art n'aura pas duré plus qu'un feu de sarments. Et tandis que le Japon, dans son hara-kiri définitif, se suicide, abandonnant, pour se déguiser à l'européenne, tout ce qui faisait sa grâce et son génie, les Chinois, plus sages, entendent demeurer fidèles à leurs traditions, à leurs costumes, et aux beaux vers de leurs poètes que le peuple chante encore.

Et savez-vous pourquoi les poètes vont aux Chinois ? — non pas aux invraisemblables magots de paravent, ou aux non moins invraisemblables mandarins emmarquisés que la diplomatie nous envoie; mais aux vrais

Chinois tels que la littérature les révèle! — c'est que,
entre les Chinois et le poète, quelque pays qu'habite
d'ailleurs ce dernier, il existe un idéal commun. C'est
que, dans ce moment où tous les peuples, un peu japo-
nais à leur manière, dispersent au vent, comme une
inutile cendre, les alluvions du passé, le poète se sent
devenir, non pas réactionnaire, mais traditionniste, et
que le Chinois est surtout un homme de tradition.

De plus, et voilà encore un secret motif de sympa-
thie, le Chinois aime la nature naïvement, enfantine-
ment, comme l'aime le poète.

Fin observateur, à la fois indulgent et narquois, le
Chinois a ainsi caractérisé le Français — « Un homme
agité qui toujours marche, sifflant son chien et donnant
des sous aux petits enfants. » On pourrait de même,
par une formule caricaturalement synthétique, définir le
Chinois : « Un homme calme, assis dans un petit jar-
din, et qui songe aux aïeux en regardant pousser ses
choux. »

Voilà, mon cher Blémont, le Chinois qui m'appa-
rait à travers vos traductions.

Peut-être ne le trouverait-on pas tout-à-fait identique
dans la réalité. Mais qu'importe! Nous-mêmes, res-
semblons-nous si exactement aux héros de Victor Hugo

et de *Corneille*? *Socrate était laid: il sculpta les Grâces. Prenons le Chinois comme il s'est rêvé.*

*Depuis les vers immémoriaux que Confucius recueillit, jusqu'aux chansons populaires qui se vendent imprimées sur les petits cahiers à un sou, et que les musiciennes courtisanes chantent le soir dans les bateaux de fleurs et les débits de thé, en passant par les odelettes d'un art si précis et si raffiné de Li-taï-pé et de Thou-fou, le but de vos poètes reste le même : faire aimer la vie, en montrant que l'homme au cœur pur peut, sans grand ennui ni grand effort, trouver son paradis sur terre.*

*Et quel indulgent paradis, clos et fleuri comme un jardin, que ce paradis de sages et de lettrés!*

Du vin clair, une barque fine,
Un peu de musique et d'amour,
C'est en ce terrestre séjour,
La béatitude divine.

*L'amitié, le vin, les vers, la musique, une barque amarrée, prête à prendre le fil de l'eau, en faut-il davantage pour être heureux? Que l'amant trahisse, que l'am-*

bition déçoive, que la vieillesse arrive précédant la mort, l'éternelle consolatrice est là: la Nature. Non pas la grande Nature panthéiste, toujours environnée d'un peu de terreur: mais une nature intime, rapprochée de nous, et qui, pour arriver à notre cœur, parle d'une voix familière:

> Lorsque les vierges des campagnes
> Voguent sur les flots du lac bleu,
> Les fleurs lèvent la tête un peu
> Et disent: — Voici nos compagnes!
>
> Puis, lorsqu'au souffle de la nuit
> Toutes s'en retournent chez elles,
> La lune aux blanches étincelles
> Sur les flots clairs les reconduit.

Vous est-il arrivé, aux jours d'école buissonnière, de vous coucher à plat ventre au milieu des bois, et là, pris d'une délicieuse extase, le monde et la classe oubliés, d'avoir passé des heures et des heures, écoutant le vent chanter, l'herbe germer, et vous perdant dans la contemplation d'un infini féerique et minuscule?

Ces sensations, vos poètes chinois les ont senties et fixées:

Chaque beau jour qui s'écoule,
Fuit pour ne plus revenir;
Le clair printemps se déroule,
Le printemps pur va finir.

Étendu, plein d'indolence,
Au pied des grands arbres verts,
Seul, je contemple en silence
L'impénétrable univers...

La fleur Jo, comme elle est fraîche !
La fleur Lan, quel pur joyau !
Puis la fleur Lan se dessèche,
L'ombre emporte la fleur Jo.

Elle est divine et succombe,
La fleur au parfum subtil !
La fleur penche, la fleur tombe;
Mais son parfum, où va-t-il?

*Personne comme ces délicats impressionnistes n'a traduit le charme pénétrant des demi-saisons, le premier réveil printanier, les vagues tristesses automnales :*

O la bonne petite pluie,
Qui sait bien quand il faut venir !...

Doucement, sur un vent propice,
Elle est venue, exprès, la nuit;
Tiède, fine et réparatrice,
Elle a tout humecté sans bruit.

*Dans leurs strophes, comparables pour l'ingénuité par-*
*faite des détails à certains premiers plans de nos Pri-*
*mitifs où l'on voit des gouttes de pluie luire sur un*
*galet et des insectes cheminer à travers les brins de gazon,*
*un simple mot, une épithète, une image, — tache bleue*
*ou rose que souligne parfois un trait d'or — suffisent à*
*évoquer la floraison légère de l'abricotier, la touffe de*
*roseaux penchée sur le cristal d'un lac, ou le premier*
*souffle d'hiver courbant les frissonnants chrysanthèmes.*

*Et même, en la saison mauvaise, enfermés avec des*
*amis, quand le thé chante, quand le chat se gratte, et*
*que la pie apprivoisée, jacassant, annonce de tristes*
*présages, toujours un coin de store relevé laisse voir,*
*blanchies par la neige ou s'égayant de tardives fleurs, les*
*eaux, la plaine et la montagne :*

> Au milieu du petit lac artificiel,
> Un joli pavillon fait briller en plein ciel
>     Sa porcelaine verte et blanche ;
> Un pont de jade y mène, un léger pont voûté,
> Qui, par dessus les flots du doux lac argenté,
>     Comme un dos de tigre se penche.

> Là, sous ce pavillon tout pailleté d'éclairs,
> Quelques amis, vêtus d'amples vêtements clairs,
>     Boivent des tasses de vin tiède ;

Le bonnet en arrière, ils boivent, gais, dispos,
Puis, relevant leur manche et laissant les propos,
    Ils font des vers comme intermède.

Et dans le petit lac, où le pont renversé
Semble un croissant de jade au sein de l'eau bercé,
    Quelques amis, gais, l'œil alerte,
Avec leur robe claire où miroite un rayon,
Boivent, la tête en bas, sous un f u pavillon
    De porcelaine blanche et verte.

Parfois aussi, le poète rappelle les jours de jadis,
ou bien raconte ses souvenirs, ses voyages, ses aventures.
C'est un Empereur dont la triomphante jeunesse se raille
des trop sages mandarins qui l'attendent pour le Con-
seil; une Impératrice, vision entrevue sur l'escalier de
son pavillon doré, éblouissante et blanche comme un
clair de lune; la joie d'un cavalier qui passe en chantant
sa chanson de route; les tristesses et les dépits d'une
courtisane vieillie:

    Quand la fleur tombe dans la boue,
    Les passants la relèvent-ils?...

C'est encore — car, bien avant nous, ils inventèrent
la mélancolie et connurent le sentiment douloureux de la
fragilité des choses humaines — un palais croulant, des

ruines hantées, et la pluie qui tombe sur la mer tandis
que les corbeaux croassent et que, note délicieusement
chinoise, un singe accroupi pleure là-bas, parmi les
tombeaux.

L'âme, il est vrai, n'a pas tant de couleur locale qu'on le
pourrait croire; et l'humanité, paraît-il, est partout iden-
tique à elle-même. Sans parler de quelques poèmes évi-
demment modernes, où se devine l'action réflexe de
l'influence européenne : La Guitare, par exemple, d'une
si étonnante virtuosité; Le Chien du vainqueur, dont
l'auteur pourrait bien avoir connu Leconte de Lisle; — et
sans discuter cet exquis madrigal romantique, révélé
par une lettrée de Paris, L'ombre des feuilles
d'oranger, madrigal, si j'ose m'exprimer ainsi, plus
chinois que nature — il faut reconnaître qu'en
bien des coins la poésie chinoise ressemble à notre
poésie.

Certaines petites odes, très authentiques celles-là,
m'ont agréablement fait songer à l'Anthologie, à Ho-
race; et, ma foi! n'en déplaise aux fanatiques d'exo-
tisme, Le Retour pourrait bien rappeler aux lecteurs le
charme d'une élégie d'André Chénier.

Ne sent-on pas dans les Chants alternés le par-
fum agreste d'une églogue de Théocrite? Saurait-on

refuser à la *Tour des Regrets*, à son vieux *Jen-Wang* et à ses diables, une couleur bizarrement dantesque? Et le *Fou des Fleurs* n'a-t-il point quelque chose du libre et charmant génie de La Fontaine?

Toute cette poésie, — par certains autres côtés si différente de la nôtre, et qui, mariant dans le texte original la magie du rythme à celle du dessin, donne, non seulement aux oreilles, mais encore aux yeux, un double plaisir esthétique — toute cette poésie se retrouve dans votre œuvre, mon cher *Blémont!* car, ainsi que les citations en témoignent, vous n'avez pas craint de traduire des vers en vers; et c'est encore là un acte de courage dont il convient que l'on vous félicite.

Autrefois la ville et la cour eussent estimé tout naturel ce qu'aujourd'hui beaucoup considèreront comme une entreprise paradoxale.

Les Français aimaient alors les belles infidèles, pas toujours si infidèles que cela, et vraiment belles quelquefois, avec leur ceinture un peu lâche, sous la flottante draperie qu'un souffle musical anime.

Nous préférons aujourd'hui, même lorsqu'il s'agit de cette chose légère : le poète, les traductions archaïques, d'une savante et compréhensive barbarie, exactes inexo-

rablement, et comme cuirassées dans les fermes contours
d'une prose éclatante et métallique. Un grand écrivain
a fait en ce genre des chefs-d'œuvre, géniales restitu-
tions qui resteront, je l'espère, définitives. Pourtant,
quelque chose leur manque : le vers, l'écho, si lointain
fût-il, de la voix chantante de la Muse. Oui! quoi
qu'en puisse penser Leconte de Lisle, ses traductions en
prose lues et admirées, c'est encore dans les vers d'airain
des Erinnyes que j'entends réellement gronder le ton-
nerre du vieil Eschyle.

A la vérité, les deux systèmes ont du bon, en n'étant
parfaits ni l'un ni l'autre. L'idéal serait une traduc-
duction, alors évidemment absolue, qui unirait le chant
à la littéralité. Mais l'absolu n'est pas de ce monde ; et
sans doute vous ne l'avez pas rêvé.

Vous avez voulu seulement, sans prétention ni parti
pris, nous montrer vivantes, avec leur parfum et leur
éclat, un bouquet de ces fleurs d'extrême Orient, que
nous avions surtout connues jusqu'ici sèches et décolorées
entre les pages de livres fort savants d'ailleurs.

Et vous y avez réussi, car, en vous lisant, il me sem-
blait habiter quelque pays lointain et féerique, où, sous
un pavillon pareil à celui du bon buveur Li-taï-pé, en
compagnie des camarades de la première heure demeurés

*fidèles au culte des vers, nous reprenions les indulgentes chansons dans lesquelles nos confrères chinois se sont complu souvent à célébrer un sentiment un peu négligé par les lettrés de France, et qui s'appelle l'amitié.*

PAUL ARÈNE.

# PRINTEMPS

I

# LES HIRONDELLES

R EVENEZ, hirondelles blanches!
Le Printemps renaît au soleil.
Déjà rit le verger vermeil;
Que de fleurs sur le noir des branches!

S'il neigea, s'il venta, s'il plut,
Qu'importe? On peut aimer encore.
Le ciel s'ouvre, tout veut éclore:
Blanches hirondelles, salut!

## II

# LA CHANSON DES DEUX FLEUVES

*A Jules Claretie.*

La glace fond. L'air tiède est doux comme une haleine.
    Adieu l'hiver et le souci !
Déjà l'eau du fleuve Oueï roule et luit dans la plaine ;
    Le fleuve Tchin est libre aussi.

La femme et le mari se promènent ensemble.
    Tous deux ont cueilli la fleur Lan,
Tous deux l'ont à la main. A leur main la fleur tremble,
    Sous l'hirondelle au brusque élan.

La jeune épouse dit : « — Irons-nous à la fête ?
    — La fête ! dit le jeune époux,
J'y suis allé déjà ; mais soyez satisfaite,
    J'y vais retourner avec vous. »

Sur les bords du fleuve Oueï, dans la campagne verte,
    On sourit aux premiers beaux jours ;
Et, dès que la pivoine au soleil s'est ouverte,
    On l'offre à ses chères amours.


Les flots clairs du fleuve Oueï sont profonds et rapides ;
    Les flots du fleuve Tchin aussi.
Que d'époux, deux par deux, le long des flots limpides !
    Adieu l'hiver et le souci !


La jeune épouse dit : « — Irons-nous à la fête ?
    — La fête ! dit le jeune époux,
J'y suis allé déjà ; mais soyez satisfaite,
    J'y vais retourner avec vous. »

## III

# LE PALAIS DE TCHAO-YANG

*A Philippe Burty.*

### I

ON ne voit plus la blanche neige
Couvrir l'abricotier frileux;
Vers les lointains horizons bleus
Monte un souffle qui vous allège.

Un furtif murmure d'amour
Emplit vos sens de vague ivresse;
Il flotte une odeur de tendresse,
Et l'hirondelle est de retour.

Près des toits vole l'hirondelle,
Avec de petits cris stridents;
C'est le temps des jours longs, le temps
Où le soleil est plus fidèle.


C'est le temps des fraiches couleurs,
Des festins, des chansons berceuses;
Les fleurs font valoir les danseuses,
Les femmes font valoir les fleurs.


Les gardes dont luit la cuirasse,
Vers le soir s'éloignent sans bruit;
Et, dans la douceur de la nuit,
On s'attarde sur la terrasse.


II


La brise émeut les rameaux bruns,
L'aube déjà blanchit le store;
Tout devient rose, c'est l'aurore!
Le palais s'emplit de parfums.

L'air du ciel mêle le ramage
Des fontaines et des oiseaux;
Les fleurs de la terre et des eaux
Offrent au printemps leur hommage.


De son beau pavillon d'azur,
Dans le matin baigné de flammes,
L'Empereur voit toutes ses femmes
Qui dansent sur un rythme pur.


On ne pense, en ce mois de joie
Où fleurit la fleur de prunier,
Qu'à goûter l'amour printanier
Sous les rideaux d'or et de soie.


O feuilles des saules tremblants,
Vous êtes de l'or fin! Vous êtes
Une neige chère aux poètes,
O fleurs dont les poiriers sont blancs!

# IV

## *SONGE*

*A Émile Bergerat.*

La nuit dernière, au fond de la chambre où je rêve,
L'air pur du renouveau pénétra jusqu'à moi;
Et loin, bien loin d'ici, sur la paisible grève,
Au bord du fleuve Kiang, avec un tendre émoi,
Je revis la beauté qui m'occupe sans trêve.

Hélas! qu'il dura peu, ce songe de printemps!
J'ai, sous la jeune lune aux douces lueurs bleues,
A peine reposé mon front quelques instants;
Mais, en ces instants-là, j'ai fait plus de cent lieues
Vers vous, ma bien-aimée aux regards éclatants!

V

*A Armand Gouzien.*

Un bateau leste, aux rames fines ;
Sur les bancs, rythmant notre essor,
Des musiciennes divines,
Et des flûtes de jade et d'or !

Du vin qui rit dans une coupe,
L'ivresse, les changeants tableaux,
Un beau ciel, le plaisir en poupe,
Et se laisser aller aux flots !...

Dans l'azur m'attendent les Sages,
Assis sur leurs cigognes ; moi,
Parmi les légers paysages,
Je vogue, plus heureux qu'un roi.


Les beaux vers, les accords sublimes
De Kio-Ping, le rêveur charmant,
S'élèvent au-dessus des cimes
Et planent éternellement.


Les tours du roi de Tsou naguères
Brillaient sur ces monts aux flancs nus ;
Hautes tours, murailles précaires,
Palais, qu'êtes-vous devenus ?


Dès que rayonne en moi l'ivresse,
Je chante ; et mes chants inspirés
Font, sous leur vibrante caresse,
Tressaillir les cinq monts sacrés.


Je suis fier, je suis plein de joie,
Je ris de toutes les grandeurs ;
Qu'à d'autres la Fortune octroie
Ses lourdes et vaines splendeurs !

Lorsqu'un amas d'or, lorsqu'un trône
Me séduiront, c'est que d'abord
On aura vu le Fleuve Jaune
Couler de l'Occident au Nord.

## VI

## LE RETOUR

*A Auguste Dorchain.*

Tu reviens donc, ô toi que jamais je n'oublie !
   Vois-tu dans mes regards ma joie et ma folie ?
Dis qu'on dresse la table et prends à la cloison
Ma guitare; je vais chanter une chanson.
Causons, rions! J'étais sombre, j'étais malade;
Mais sur ta bouche en fleur et sur tes dents de jade
Luit un divin rayon d'amour. Adieu l'ennui!
L'aurore et le printemps renaissent aujourd'hui... »
Elle chante, va, vient, rit, s'offre, se refuse;
Un doux reproche amène une plus douce excuse;
Comme un bateau léger sur un flot musical,
L'heure passe, dans un long murmure amical.

Puis, soudain, l'on se tait. Sur l'incarnat des lèvres,
Dans l'ombre des cils bruns, brillent d'ardentes fièvres ;
On n'entend que les coups pressés du sang qui bout,
Le cœur bat à tout rompre. Il faut oublier tout !
On se saisit les mains, et, les mains enlacées,
Eblouis de désir, les paupières baissées,
On s'en va lentement au lit d'ivoire et d'or,
Où, l'orage apaisé, dans l'amour on s'endort...

« — La brise sur les fleurs berce un parfum suave ;
Reste avec moi ! Je suis ta reine et ton esclave ;
Je ne veux plus jamais me séparer de toi.
C'est en toi que je vis, c'est en toi que j'ai foi,
C'est en toi que j'espère ; et je n'ai rien au monde
Que toi, que ton amour et sa douceur profonde.
Ne me crois-tu pas, dis ? N'es-tu pas mon vainqueur ?
Faut-il que, devant toi, je m'arrache le cœur ?
Tu verras si je mens ! Puis-je faire un mensonge,
Quand jusqu'au fond de moi ton regard tendre plonge ?
Tu sais bien que je dis la vérité. Mais, tiens !
Moi qui ne cherche plus de baisers que les tiens,
Veux-tu que je te donne un bon conseil ? En route,
Ne regarde jamais, jamais surtout n'écoute
Les femmes sans pudeur ni véritable amour,
Qu'un autre aurait sans peine avant la fin du jour !

# VII

*A Armand Silvestre.*

Lorsque les vierges des campagnes
Voguent sur les flots du lac bleu,
Les fleurs lèvent la tête un peu
Et disent : — Voici nos compagnes !

Puis, lorsqu'au souffle de la nuit
Toutes s'en retournent chez elles,
La lune aux blanches étincelles
Sur les flots clairs les reconduit.

# VIII

## FIDÉLITÉ

A Émile Pouvillon.

Seigneur, vous le savez, le meilleur des maris
Met en moi son orgueil, son espoir et sa joie ;
Pourquoi m'avoir offert ces deux perles de prix,
Que je fixai, les doigts tremblants, le cœur surpris,
Sur l'incarnat léger de ma robe de soie ?

On voit nos pavillons dans le ciel bleu fleurir ;
Mon époux au palais tient la lance dorée.
Auprès de lui, pour lui, je dois vivre et mourir ;
Je lui serai fidèle ; et, sans plus discourir,
Il me trouve, seigneur, suffisamment parée.

Quoique vos sentiments soient purs comme les cieux,
Je dois vous rendre ici, sans que je m'en décore,
Ces deux perles, présent pourtant si gracieux !
Mais vous voyez briller deux larmes à mes yeux :
Que n'êtes-vous venu quand j'étais libre encore !

IX

## LE PÉCHEUR

*A Henri Roujon.*

Sur terre, il n'est plus rien qui souffre !
Dans la fleur qui rit aux beaux jours,
Le papillon, poudré de soufre,
Pose sa tête de velours.

Debout en sa barque indécise,
Le pêcheur se penche, et, lâchant
Son filet large et souple, il brise
La surface du lac d'argent.

Il songe à celle qui demeure,
Comme l'hirondelle en son nid,
Dans la maison où, tout à l'heure,
Satisfait du jour qui finit,

Il reviendra, non moins fidèle,
Et non moins palpitant d'espoir,
Que le mâle de l'hirondelle
Rapportant le repas du soir.

X

## LE CONSEIL

*A Judith Walter*

Sur un trône d'or neuf, parmi les mandarins,
Siège le Fils du Ciel, brillant de pierreries;
On dirait un soleil aux rayons souverains,
    Ceint d'astres pleins de rêveries.

Graves, les mandarins échangent gravement
De très graves discours. Rien ne les déconcerte.
L'Empereur est distrait; sa pensée un moment
    S'enfuit par la fenêtre ouverte.

Telle qu'en son feuillage une splendide fleur,
Sous son frais pavillon de porcelaine exquise,
La jeune Impératrice, évitant la chaleur,
      Parmi ses femmes est assise.


« -- L'Empereur tarde bien! » fait-elle avec ennui,
Et l'éventail palpite à sa joue enflammée;
Et le Fils du Ciel sent flotter autour de lui
      Une caresse parfumée.


« — La bienaimée envoie avec son éventail
Le délicat parfum de ses lèvres chéries! »
Pense alors l'Empereur. Il franchit le portail,
      Et, tout brillant de pierreries,


Il marche du côté du pavillon charmant
Où, dans l'air paresseux, l'éventail se balance,
Laissant les mandarins, remplis d'étonnement,
      S'entreregarder en silence.

# X I

*A Antony Valabrègue.*

O printemps ! par dessous le store,
Une hirondeile vient d'entrer ;
La voyez-vous tourner, virer,
Dans la chambre qu'un rayon dore ?


Les matins sont déjà meilleurs.
Un nid chante ; un beau garçon passe ;
Les fleurs s'ouvrent. Nul ne se lasse
De voir s'ouvrir les fraiches fleurs.

Assises dans la rêverie,
Vous gardez seules la maison,
Jeunes femmes qui, sans raison,
Oubliez votre broderie !


Hélas ! pourquoi donc, chaque jour,
Vos maris, fuyant leur demeure,
S'en vont-ils tous de si bonne heure,
Pour être si tard de retour ?

# XII

## L'ESCALIER DE JADE

*A Henry Houssaye.*

LA pleine lune luit sur la terre apaisée.
Dans la sérénité de la blanche splendeur,
L'Impératrice rêve, et monte avec lenteur
Son escalier de jade où brille la rosée.

Sa robe de satin traine, et, très doucement,
Effleure chaque marche en longs baisers qui tremblent;
Le jade et le léger satin blanc se ressemblent —
L'Impératrice rentre en son appartement.

Le clair de lune en son appartement pénètre;
Éblouie, elle reste immobile un instant;
Les perles de cristal du long rideau flottant
Scintillent aux rayons qui baignent la fenêtre.

Une réunion de diamants frileux
Semblent s'y disputer la clarté sous les voiles;
Et l'on croit voir tourner une ronde d'étoiles
Sur le parquet limpide aux miroitements bleus.

# XIII

*A Emmanuel des Essarts.*

O la bonne petite pluie
 Qui sait bien quand il faut venir,
Et qui, d'espoir fécond remplie,
Vient au printemps tout rajeunir!


Doucement, sur un vent propice,
Elle est venue, exprès, la nuit;
Tiède, fine et réparatrice,
Elle a tout humecté sans bruit.

Hier soir, un triste nuage
Assombrissait tout mon jardin ;
Les feux des barques du rivage
Seuls luisaient dans l'ombre, au lointain.


Ce matin, sous les cieux limpides,
Tout revêt de fraiches couleurs :
Et parmi les feuilles humides
Brillent les adorables fleurs.

# XIV

*A P.-V. de la Nux.*

Il cueille la fleur d'or — et sourit, en songeant
A celle dont le cœur pour lui fut indulgent.

Il cueille la fleur bleue — et pleure, sous le charme
De celle qui, pour lui, versa plus d'une larme.

Il cueille la fleur rouge — et croit encor presser
Les lèvres que l'amie ouvrait à son baiser.

XV

## COUCHER DE SOLEIL

*A Maurice Peyrot.*

Sous les stores, le soleil lance
  D'obliques rayons. Dans les champs,
Près de la rivière, en silence,
Se font les travaux du printemps.

Les jardins, le long de la rive,
Sont tout parfumés, tout fleuris;
Pour le souper dont l'heure arrive,
Sur la barque à flot bout le riz.

Les moineaux vont, criant famine,
Parmi la verte frondaison;
Les insectes à l'aile fine
Bourdonnent jusqu'en ma maison.


Vin généreux, par quelle grâce
Peux-tu si bien nous réjouir,
Que nous sentions, à chaque tasse,
Nos vieux chagrins s'évanouir?

# XVI

## AMITIE

A Théodore Aubanel.

LE soleil rouge a franchi les montagnes
  Et s'est couché sous leur grand rideau noir;
Dans les vallons, sur les fraîches campagnes,
Flottent déjà les ténèbres du soir.

La lune, au ciel plein d'une blanche houle,
Surgit, là-bas, du sein des pins obscurs:
Le vent qui souffle et le ruisseau qui coule
Font un concert de sons légers et purs.

C'est justement par cette nuit si belle
Que doit venir l'ami qui m'est si cher!
Je prends mon luth, et, dans l'herbe nouvelle,
Je vais l'attendre en chantant un vieil air.

# XVII

## DANS LE MURIER

*A Félix Régamey.*

QUELLE souplesse, quelle grâce,
   Quand la belle, au cœur innocent,
Cueille, sur la route où l'on passe,
Les feuilles du mûrier luisant!

Sous ses doigts, les feuilles qui tremblent
Font un bruit d'oiseaux envolés;
D'elles-mêmes, les feuilles semblent
Venir sous ses doigts effilés.

On voit dans l'arbre sa main blanche,
Sa manche est retroussée un peu :
Un bracelet d'or, sous sa manche,
Miroite aux clartés du ciel bleu.

L'air joue en sa robe de soie,
Dont flottent les plis radieux :
Tels les nuages, pleins de joie,
Sur lesquels voyagent les dieux !

Tenez ! le cavalier superbe,
Pour la mieux voir, suspend ses pas ;
Et le piéton, assis dans l'herbe,
Laisse là son frugal repas.

# XVIII

## HEUREUX PRÉSAGES

*A Ernest d'Hervilly.*

QUAND fume ma tasse pleine,
Les feuilles du thé qui bout,
Dans la fine porcelaine
Nagent, nagent, tout debout.

La lampe, sur ma toilette,
Hier soir a crépité;
Pendant ma dernière emplette,
La pie a chanté, chanté.

Avec sa langue vermeille
Mouillant sa patte, le chat
Passe sur sa fine oreille
Sa patte qui la rabat.


Qu'est-ce que cela veut dire?
Cela prouve clairement
Que bientôt va me sourire
Mon doux et fidèle amant.

# XIX

## *SUR LE FLEUVE JO-YEH*

*A Edouard Durranc.*

Sur le fleuve Jo-Yeh, les belles jeunes filles
    Vont, parmi les saules épars,
Dans leurs barques formant de coquettes flottilles,
    Cueillir la fleur des nénuphars.

L'eau reflète au soleil, entre les vertes branches,
    Leur beauté, leur rire charmant;
Et l'air, pour s'imprégner du parfum de leurs manches,
    Les soulève légèrement.

Mais là-bas, sur le bord des flots, quels peuvent être
       Ces cavaliers allant au pas?
Trois par trois, cinq par cinq, on les voit apparaître
       Sous les saules épars, là-bas.


Le cheval de l'un d'eux hennit, fait halte, hésite,
       S'écarte, et foule aux pieds les fleurs;
Une cueilleuse alors rougit, semble interdite,
       Et veut en vain cacher ses pleurs.

## XX

## UNE NUIT DE LOISIR

DANS LA MAISON DE CAMPAGNE D'UN AMI

*A Gustave Geffroy.*

L A jeune lune s'est couchée. —
  Dans un bruissement obscur,
Murmure une source cachée;
Accordons nos luths, au son pur.

Le ciel, piqué d'astres sans nombre,
Fait trembler sur nous ses lueurs;
Les ruisseaux se glissent dans l'ombre
Pour baiser le pied nu des fleurs.

On boit, on fait voir des épées ;
On cause, on rêve, on boit encor,
Et, les lèvres de vin trempées,
On sourit aux étoiles d'or.


Sur l'air du pays d'Ou, l'on chante
Des vers qu'accompagne un bruit d'eau ;
Puis, dans une ivresse touchante,
Chacun chez soi rentre en bateau.

# XXI

## AVEU

*A Charles Frémine.*

Ma petite sœur cadette,
Tout fleurit, le ciel es. bleu ;
Je t'aime, et j'en perds la tête ;
Dis, veux-tu m'aimer un peu ?

Un ardent désir m'enivre !
Mes efforts sont superflus :
Sans toi, je ne peux plus vivre,
Et rien, sans toi, ne m'est plus.

A ton souffle pur, je plie
Comme un saule au vent d'été:
Je rêve de toi: j'oublie,
Pour toi, le riz et le thé.


Sois plus tendre et moins coquette,
L'amour est un si doux jeu!
Ma petite sœur cadette,
Dis, veux-tu m'aimer un peu?

# XXII

## L'OMBRE DES FEUILLES D'ORANGER

*A Maurice Leloir.*

### I

L<small>A</small> jeune fille assise au travail tout le jour,
    Seule, loin de la promenade,
    S'émeut d'un vague espoir d'amour
Aussitôt que résonne une flûte de jade.

La jeune fille alors croit entendre le son
    De la voix d'un jeune garçon.

II

A travers le papier qui garnit sa fenêtre,
　　L'ombre des feuilles d'oranger
　　Chez elle doucement pénètre,
Et vient sur ses genoux s'asseoir, frisson léger.


Et ce léger frisson suffit, pour qu'elle croie
　　Qu'on froisse sa robe de soie.

## XXIII

## S'ENIVRER AU MILIEU DES FLEURS

*A Charles Pigot.*

S i la vie est comme un grand songe,
Pourquoi se tourmenter alors ?
Moi, dans l'ivresse je me plonge;
Ma tête tourne, et je m'endors.

— Quelle est cette saison charmante ?
Dis-je aux fleurs, en rouvrant les yeux.
Et dans les fleurs un oiseau chante :
— C'est le printemps délicieux !

Je suis ému, l'amour m'obsède :
Mais je me verse à boire encor ;
Et je me rendors, quand succède
La lune blanche au soleil d'or.

# XXIV

## LA CHANSON DES DEUX PORTES

*A Jean Alboize.*

### I

PRÈS de la Porte-Orientale,
Chaque soir, quel charmant scandale !
Là, sous de fins tissus flottants,
De légères enchanteresses
Passent, avec plus de caresses
Que les nuages du printemps.
— Mais que m'importe, que m'importe,
Si là-bas, vers la Vieille-Porte,
On s'attarde au déclin du jour ?
Sous sa robe blanche et son voile,
Ma femme luit comme une étoile,
Et peut seule avoir mon amour.

## II

A la Porte-Palissadée,
Chaque soir, mainte âme obsédée
Cède aux regards ensorceleurs
Des belles promeneuses lentes,
Plus douces et plus indolentes
Qu'un parterre de jeunes fleurs.
— Mais que m'importe, que m'importe,
Si là-bas, vers la Grande-Porte,
On s'attarde au déclin du jour?
Sous sa robe blanche et son voile,
Ma femme luit comme une étoile,
Et peut seule avoir mon amour.

# XXV

## CHANSON SUR LE FLEUVE

*A Charles Monselet.*

J'AI, pour apaiser toute peine,
Ma flûte de jade aux trous d'or ;
L'ennui me poursuit-il encor ?
Je fuis sur mon bateau d'ébène.

Comme la plante au suc vainqueur
Qui sert à détacher la soie,
Le vin joyeux efface et noie
Les plus noirs chagrins de mon cœur.

Du vin clair, une barque fine,
Un peu de musique et d'amour,
C'est, en ce terrestre séjour,
La béatitude divine.

# XXVI

## LE POÈTE

### DESCEND DU MONT TCHONG-NAN ET PASSE LA NUIT
### A BOIRE AVEC UN AMI.

*A Gabriel Vicaire.*

Le soir vient; je descends avec toi la montagne.
   Sur la montagne verte, alors la lune luit;
Mais quand, rêveur errant que la lune accompagne,
Je me retourne, au loin tout se fond dans la nuit.

Nous arrivons devant ton pavillon rustique;
Tous les deux un peu las, nous nous tenons la main;
Un bel enfant rieur, à la voix sympathique,
Vient ouvrir la barrière et montrer le chemin.

Nous frôlons les bambous de nos manches de soie ;
Par un étroit sentier, mystérieux d'abord,
Dans un réduit charmant nous entrons avec joie.
Là nous goûtons un vin délicieux. Tout dort.

Je chante une chanson. La chanson que je chante,
Est la chanson du vent qui souffle dans les pins ;
Et gaîment nous buvons, jusqu'à l'heure changeante
Où pâlissent les fleurs des célestes jardins.

# XXVII

## *PARFUM DE FLEUR*

*A Léopold Dauphin.*

Chaque beau jour qui s'écoule
Fuit pour ne plus revenir :
Le clair printemps se déroule,
Le printemps pur va finir.


Etendu, plein d'indolence,
Au pied des grands arbres verts,
Seul, je contemple en silence
L'impénétrable univers.

Je rêve: ma rêverie
Est un abîme sans fond,
Où la vision fleurie
Et la fleur qui meurt s'en vont.

« — Toute candeur, toute aurore,
Passe et s'éteint sans motif! »
Voilà ce qu'à l'air sonore
Confie un oiseau plaintif.

La fleur Jo, comme elle est fraîche!
La fleur Lan, quel fin joyau! —
Puis la fleur Lan se dessèche,
L'ombre emporte la fleur Jo.

Elle est divine et succombe,
La fleur au parfum subtil!
La fleur penche, la fleur tombe;
Mais son parfum, où va-t-il?

# XXVIII

*A Fantin-Latour.*

SEULE, dans la pénombre brune,
Elle est assise à son miroir;
Elle respire l'air du soir
Et regarde le clair de lune.

A travers le store baissé,
La lune, dont les rayons tremblent,
Filtre en fins lozanges, qui semblent
Des morceaux de jade brisé.

Distraitement, la jeune fille
Soulève, avant de se coucher,
Le store de bambou léger ;
Le plein clair de lune alors brille.


Telle une déesse apparaît
En sa splendeur pure et sans tache,
Lorsque sa robe se détache
Et tombe à ses pieds tout d'un trait.

# XXIX

## L'ÉVENTAIL

*A Roger Miles.*

Au jeune et tendre époux, la Chambre Parfumée
S'est ouverte hier soir pour la première fois ;
Quels sont les vers qu'y lit l'épouse bienaimée
Sur l'éventail doré qui brille entre ses doigts ?


« — Lorsque l'air est brûlant, lorsque languit la brise,
On m'aime, on cherche un peu de fraicheur en mes plis ;
Mais quand souffle le froid, quand vient la saison grise,
Hélas! on n'a pour moi que dédaigneux oublis. »

ur l'éventail brillant, l'épouse bienaimée

t ces vers. Elle songe, et, dans son cœur jaloux,

e dit : « — Lorsque fuira la jeunesse enflammée,

e délaissera-t-il ainsi, le tendre époux? »

# XXX

## CONTEMPLATION

À François Coppée.

L'AZUR mouillé, le vent l'essuie :
Le vent qui vient du mont Ki-Chan,
Lavant le ciel, puis le séchant,
Apporte et remporte la pluie.

Le soleil descend, radieux,
Sur la montagne occidentale,
Tandis qu'au sud la plaine étale
Ses champs plus verts et plus joyeux.

J'arrive à la demeure sainte;
J'y reçois le touchant accueil
D'un bon vieux prêtre, sur le seuil
D'une mystérieuse enceinte.

Alors, loin de ce monde obscur,
Mon âme, montant vers les cimes,
Se retrempe aux sources sublimes
Que ne ride aucun souffle impur.

Unis dans la même pensée,
Mon hôte et moi, nous épuisons
Les mots humains. Nous nous taisons,
La parole humaine épuisée.

L'oiseau chante, l'arbre est en fleurs,
L'air est plein de douceur divine ·
Je sens, je comprends, je devine,
Tous les rayons et tous les pleurs.

# AUTOMNE

# I

## UN JEUNE POÈTE

### PENSE A SA BIEN-AIMÉE
### QUI HABITE DE L'AUTRE CÔTÉ DU FLEUVE

*A Alphonse Daudet.*

La lune, dans la nuit sereine,
Monte au cœur du clair firmament;
Elle y monte, et, comme une reine,
S'y repose amoureusement.

5

Sur l'eau voluptueuse et lasse
Qu'un rêve bleu semble bercer,
Une brise légère passe,
Repasse, ainsi qu'un long baiser.

Quel accord pur, quelle harmonie,
Quel espoir calme en l'avenir,
Respire l'union bénie
Des choses faites pour s'unir !

Mais rien n'est complet dans nos fêtes,
Le bonheur est rare ici-bas ;
Et la plupart des choses faites
Pour s'unir — ne s'unissent pas.

II

*A Paul Porel.*

Dans mon clair pavillon du bord de l'eau, j'admire,
Indolent et rêveur. la beauté du ciel pur,
Tandis que le soleil, du haut de son empire,
Vers l'occident lointain marche à travers l'azur.

Léger comme un oiseau qui se pose, un navire
Se balance sur l'eau. Le soleil automnal
Mêle à la vaste mer ses torrents d'or. J'admire
Ce spectacle paisible, auguste et triomphal.

Je saisis mon pinceau. Je me penche, et dessine
Sur le papier soyeux des caractères noirs,
Semblables aux cheveux que sur leur tempe fine
Les femmes le matin lissent à leurs miroirs.


Aux rayons du soleil fleurit mon âme en fête;
Ravi d'un si beau temps, j'en trace un doux tableau;
Le dernier vers fini, je relève la tête—
Et je vois que la pluie, hélas! tombe dans l'eau.

# III

## LA ROUTE INUTILE

*A Alfred Gassier*

Dans l'or des horizons bleus,
Devant moi s'ouvre une allée,
Fraiche et doucement voilée
Par des arbres merveilleux.

L'allée à mes yeux ouverte,
Mes yeux s'y perdent longtemps,
Sous les feuillages flottants
Qui tamisent l'ombre verte.

Mais à quoi bon faire un pas
Sur cette route charmante:
Au logis de mon amante
Ce chemin ne conduit pas.

# IV

# LE PAVILLON DE PORCELAINE

*A Jules Truffier.*

A milieu du petit lac artificiel,
Un joli pavillon fait briller en plein ciel
  Sa porcelaine verte et blanche;
Un pont de jade y mène, un léger pont voûté,
Qui, par dessus les flots du doux lac argenté,
  Comme un dos de tigre, se penche.

Là, sous ce pavillon tout pailleté d'éclairs,
Quelques amis, vêtus d'amples vêtements clairs,
Boivent des tasses de vin tiède;
Le bonnet en arrière, ils boivent, gais, dispos,
Puis, relevant leur manche et laissant les propos,
Ils font des vers, comme intermède.


Et dans le petit lac, où le pont renversé
Semble un croissant de jade au sein de l'eau bercé,
Quelques amis, gais, l'œil alerte,
Avec leur robe claire où miroite un rayon,
Boivent, la tête en bas, sous un frais pavillon
De porcelaine blanche et verte.

V

## STROPHES A P A

LETTRE RETIRÉ AU PAYS D'OËY

*A Paul Delabarre.*

L'ÉTOILE, au ciel constellé,
S'en va, toujours solitaire;
Le cœur humain, sur la terre,
Toujours se sent isolé.

Aussi comme on se retrempe,
Ami, dans un flot d'espoir,
Lorsqu'on se retrouve un soir
Tous deux sous la même lampe!

Elle a fui d'un pied si prompt,
La Jeunesse au gai cortége !
Et voilà déjà qu'il neige,
Qu'il neige sur notre front.


Bien des figures aimées
Ne sont plus depuis longtemps,
Hélas ! que spectres flottants
Et fugitives fumées.


Qui nous eût dit autrefois
Qu'au bout de vingt ans d'absence,
Nous referions connaissance
Au pays où je vous vois ?


Naguère, en nos deux familles,
Nous étions deux enfants fous ;
Et voici qu'autour de vous
Ont grandi garçons et filles.


On interroge sans fin
Le vieil ami du vieux père ;
On sert les fruits qu'il préfère,
Le riz, le millet, le vin.

Nous buvons dix tasses pleines ;
On cause, on rêve à moitié.
Comme la bonne amitié
Nous fait oublier nos peines !


Réchauffons nos fronts neigeux !
Il faudra, demain encore,
Mettre entre nous, dès l'aurore,
Les hauts sommets nuageux.


Chacun a son esclavage ;
Demain, les destins jaloux
Vont redevenir pour nous
Un océan sans rivage.

# VI

## LE BLANC ET LE NOIR

*A Georges Payelle.*

La lune à l'orient se lève.
— Ma douleur s'en va comme un rêve.

La lune se voile. — Mon cœur
S'emplit de doute et de langueur.

La lune reparait, plus belle.
— O la voix pure qui m'appelle !


La lune a disparu des cieux.
— Tout est sombre et silencieux.

# VII

## VIE CHAMPÊTRE

A. B. Millancye.

CULTIVEZ bien vos champs, faites un bon semis
De maïs; disposez des mûriers à distance :
Ayant le grain, ayant la soie en abondance,
Vous pourrez réunir et fêter vos amis.

L'été donne le riz; la fleur de chrysanthème
Fleurit quand vient l'automne, et parfume le vin;
Comme l'on fait honneur, alors, au souper fin
Que votre femme sert et surveille elle-même !

Sous les ormes touffus, sous les saules légers,
Au coucher du soleil on boit, et l'on se grise ;
Le soir, plus frais, frissonne au souffle de la brise,
Et chacun s'en retourne à travers les vergers.

L'hôte marche au grand air, reprend son équilibre,
Voit, comme un fleuve au ciel, les astres scintiller :
« —J'ai pour longtemps, dit-il, du vin dans mon cellier ;
Demain je puis encor me griser, je suis libre ! »

# VIII

## LE SERMENT

*A J. J. Henner.*

A l'ouest, sur le coteau qui penche,
Le jour éteint ses derniers feux;
A l'est, monte la lune blanche;
Je puis dénouer mes cheveux.

Tout se tait. J'ouvre ma fenêtre
A l'air du soir. De toutes parts,
Avec l'air frais, chez moi pénètre
Un parfum pur de nénuphars.

J'entends les gouttes de rosée
Rouler aux feuilles des bambous.
A ma guitare délaissée
Je songe alors : il fait si doux !


Mais pourquoi mêler ma voix tendre
Aux souffles du vent parfumé ?
Il n'est plus ici pour m'entendre,
Il est parti, le bienaimé !


Va, rentre au nid, blanche hirondelle !
Ce fut par un semblable soir
Qu'il jura de m'être fidèle
Jusqu'au delà du tombeau noir.


« — Tout ce que le ciel a vu naître,
Disait-il, peut mourir un jour ;
L'éternité peut cesser d'être ;
A tout survivra notre amour !... »

# IX

*A Joseph Gayda.*

Sans fin, comme l'eau suit sa pente accoutumée,
Ma pensée aux flots purs va vers la bienaimée.

Comme un rivage où luit le renouveau vainqueur,
Dès que la bienaimée est là, fleurit mon cœur.

Comme un jardin désert où pleure un soir d'automne,
Mon cœur n'est plus que deuil, dès qu'elle m'abandonne.

X

## LES CORBEAUX

*A Taxile Deat.*

Près de la ville, qu'un nuage
  De poussière jaune envahit,
Les corbeaux dont luit le plumage,
S'assemblent pour passer la nuit.

Sur les arbres pleins de murmures
S'élève leur vol lourd et lent;
Puis, dans les ombreuses ramures
Ils se posent en s'appelant.

Ils croassent. — La jeune femme
Dont guerroie au loin le mari,
Se penche au métier sur la trame
Et tisse le satin fleuri.

Elle entend, à travers les stores
Qu'enflamme en mourant le soleil,
Les longs croassements sonores
Des corbeaux avant leur sommeil.

Sa navette reste immobile;
Triste, elle songe à ses amours;
Elle songe, triste et stérile,
A l'absent qu'elle attend toujours.

Elle pense à ceux qui succombent,
Marche vers son lit déserté;
Et sur son lit ses larmes tombent,
Comme la pluie un soir d'été.

## XI

## LA FEUILLE SUR L'EAU

*A Théodore Maurer.*

Une feuille de saule, hélas! à moitié morte,
    Se détache au souffle du vent.
Elle tombe sur l'eau. L'eau tournoie et l'emporte.
    Tel a fui mon amour d'enfant.

Couché dans l'herbe, au bord de l'eau que le ciel marbre,
    Je regarde, léger tableau,
La feuille qui dérive et s'éloigne de l'arbre
    Incliné comme moi vers l'eau.

Mais voilà maintenant la feuille revenue
        Sous le saule; et plein de langueur,
Je comprends que l'amour envolé continue,
        Hélas! à me hanter le cœur.

# XII

## LE BATEAU DE FLEURS

### DU FAUBOURG DE L'OUEST

*A Henri Beauclair.*

CE bateau porte la plus belle
Créature de l'univers;
L'arc de ses sourcils nous rappelle
La corne des papillons clairs.

Sa flûte est douce. Elle improvise
Des poèmes délicieux,
Dont la mélancolie exquise
Trouble les Sages dans les cieux.

« —Hélas ! dit-elle (et sur sa joue
Ses pleurs coulent, purs et subtils),
Quand la fleur tombe dans la boue,
Les passants la relèvent-ils ?

Hélas ! je suis la fleur tombée.
Les blés de riz sont bien heureux,
Loin de l'espérance trompée,
Dans un air frais et généreux !

On croit voir briller mon sourire,
Lorsque s'ouvrent les blés de riz ;
Mais il est loin, l'ancien délire,
Et jamais plus je ne souris !

Lamentable instrument de joie,
Je sais qu'on va bientôt, d'ailleurs,
Détacher l'amarre de soie
Qui retient ce Bateau de Fleurs.

Bientôt, par dessus son épaule
Tirant sa corde, le hâleur,
Sans que change rien à mon rôle,
Traînera plus loin ma douleur. »

# XIII

## LA CHANSON DES TÊTES BLANCHES

*A J.-M. de Heredia.*

NEIGE, lune! reflets légers, pâles et doux!
  Sérénité sublime, extases apaisées!...
— J'apprends que vous avez aujourd'hui deux pensées,
Seigneur; et c'est pourquoi je m'éloigne de vous.

Du vin que vous buvez j'emplis ma tasse encore;
Puis je m'embarquerai sur le fleuve aux flots sourds,
Qui va, se divisant ainsi que nos amours,
D'un côté vers le soir, de l'autre vers l'aurore.

O lune amie, ô neige, ô candeur des sommets !
—Quand l'époux vient, pourquoi la vierge pleure-t-elle
Ne doit-on pas vieillir, couple heureux et fidèle,
Têtes blanches, cœurs purs, sans se quitter jamais?

XIV

QUERELLE

*A Georges Courteline.*

Est-ce bien toi, beau jeune homme ?
Te voilà donc de retour !
Dis-moi de quel nom se nomme
Ton nouvel astre d'amour.

Tandis que, seule, inquiète,
Je t'attendais hier soir,
Vous étiez tous deux en fête.
Son nom ? je veux le savoir.

Réponds! de quel parfum rare
Vos cœurs étaient-ils grisés ?
Quels doux accords de guitare
Accompagnaient vos baisers?


Du crépuscule à l'aurore,
Guettant le bruit de tes pas,
J'ai veillé, je le déplore,
Pour toi qui ne venais pas.


Pendant la première veille,
J'avais encor bon espoir ;
Je tendais toujours l'oreille,
Au fond du silence noir.


A la seconde, ô démence!
Je t'appelle dans la nuit.
Mais la troisième commence ;
Et je pleure, et le temps fuit.


Déjà vient la quatrième.
Personne!... Oh! je suis alors
Dans une colère extrême.
Puis, de dépit, je m'endors.

Maintenant ma vie est pleine
De regrets et de douleurs;
Je dois être très vilaine,
J'ai répandu tant de pleurs!

Je t'aimais, je te déteste.
Tiens! j'ai jeté mon miroir.
Va-t-en!... Tu pars déjà?... Reste!...
Pourquoi venais-tu me voir?

# XV

## LA CHANSON DU CHAGRIN

*A Paul Bourget*

L'HÔTE a du vin; pourtant ne buvez pas encore.
    Attendez, pour vous mettre en train,
Qu'on ait, d'un cœur vaillant et d'une voix sonore,
    Chanté la Chanson du Chagrin.

— Quand le chagrin viendra, je cesserai peut-être
    De rire, et même de chanter;
Mais nul n'en connaîtra, nul n'en pourra connaître,
    Rien dont il se puisse attrister.

Vous avez de bon vin, seigneur ; moi, je possède
      Un luth de trois pieds, luth divin !
Le bon vin nous enivre, et le luth vient en aide
      A la douce ivresse du vin.


Le ciel est éternel, et, je le conjecture,
      La terre doit durer longtemps ;
Le jade et l'or sont beaux ! — Mais qui donc, ô nature,
      Peut en jouir plus de cent ans ?


Vivre une fois, mourir ! Tout le reste est chimère :
      Cela seul, hélas ! est certain :
On naît, on vit ; la vie est douce, elle est amère ;
      Et puis on meurt, c'est le destin.


Entendez-vous, là-bas, dans cette ombre où ne flotte
      Nul reflet de nos gais flambeaux,
Le singe qui, tout seul, sous la lune sanglote,
      Accroupi parmi les tombeaux ?


Maintenant versez-moi le vin ! ma voix est lasse,
      Ma voix bientôt vous lasserait ;
Avec moi, que chacun fasse remplir sa tasse,
      Que chacun la vide d'un trait !

XVI

ABANDON

A Jacques Madeleine

SUR ma couverture rose
Mes larmes coulent sans fin.
Je ne puis faire autre chose
Que pleurer. Je pleure en vain.

Vous me quittez. O détresse,
Entre nous tout va finir !
Pour vous, notre sainte ivresse
N'est plus même un souvenir.

Ecartez un peu les voiles
De ce miroir enchanté;
Comme en un puits plein d'étoiles,
On y voit la vérité.

Toute tendresse est jalouse :
Vous saurez par ce miroir
Si votre nouvelle épouse
Est fidèle à son devoir.

Moi, je pars. Qu'elle vous aime
Autant que je vous aimais!
Adieu! C'est mon vœu suprême;
Je ne reviendrai jamais.

Quand la tasse est renversée,
L'eau se répand sans retour;
L'âme, lorsqu'elle est brisée,
Ne peut plus s'emplir d'amour.

# XVII

## LA CHANSON DES RAMES

*A Alma Rouel.*

Je veux chanter — ha! — l'automne que j'aime;
  Que les rameurs — ha! — scandent mon poème!
Voici fleurir — ha! — l'or du chrysanthème;
Triste douceur — ha! — c'est l'adieu suprême.

Le plus beau jour — ha! — s'éteint dans la nuit;
Comme un éclair — ha! — la volupté fuit;
Que fait le ciel — ha! — du bonheur détruit?

Les flots s'en vont — ha! — doux comme des femmes;
Ainsi finit — ha! — la Chanson des Rames.

# XVIII

## LA CHANSON DU RÊVE

C'EST toujours à toi que je rêve !
  Vers toi, vers ton charme lointain,
Mon cœur vole, dès que se lève
La lune aux blancheurs de satin.

Entre nous, les Montagnes Bleues
Dressent jusqu'au ciel leurs sommets ;
Nous sommes à plus de cent lieues !
Nous retrouverons-nous jamais ?

Cependant, du haut de l'espace,
Sur nous la même lune luit,
Et la chanson du vent qui passe
Nous berce tous deux dans la nuit.


Le vent souffle, la feuille tremble ;
Moi, je pense, cœur douloureux,
Au temps où nous étions ensemble,
Au temps où nous étions heureux.

## XIX

## LE ROI DE TENG

A Frédéric Montargis

Près du grand fleuve, où sont les îles de verdure,
Jadis le roi de Teng possédait un trésor,
Un palais d'une riche et fine architecture :
Et le jade joyeux dansait à sa ceinture,
Et sur son char tintaient mille clochettes d'or.

Dès longtemps s'est éteint le bruit clair des clochettes ;
La joie a fui ces lieux et n'y prend plus l'essor.
Le palais est désert : sur ses portes muettes
Les stores en lambeaux pendent, mornes squelettes ;
Seuls, la pluie et le vent y pénètrent encor.

Lentement appareille un paresseux nuage,
Que reflètent les flots dans leur fuyant miroir.
Tout passe ! et rien ne peut s'arrêter au passage ;
Et dans le ciel immense où luit son blanc sillage,
L'astre le plus brillant trouve un sépulcre noir.

Que de fois l'âcre automne, avec ses pleurs de veuve,
A rempli ces vieux murs d'un long bruit de sanglots !
Où donc est le beau prince à la ceinture neuve,
Qui jadis, comme nous, regardait ce grand fleuve
Vers le même horizon roulant toujours ses flots ?

# XX

## CHANSON DE L'AMOUR TRISTE

*A Achille Caron.*

QUAND celle que j'aime, hélas! vint au monde,
On apporta vite une boîte en fer
Où l'on enferma, cruauté profonde!
Les petits pieds nus de l'être si cher.
Et la toute belle
Ne peut un seul jour
Courir où l'appelle
Mon amour.

Quand celle que j'aime, hélas! vint au monde,
On apporta vite une boîte en fer
Où l'on enferma, cruauté profonde !
Le bon petit cœur de l'être si cher.
      Et la toute belle
      Jusqu'au dernier jour
      Restera rebelle
      A l'amour.

# XXI

## UN ÉTUDIANT

*A Maurice Talmeyr.*

L E soir, lorsque le vent d'automne
   Siffle en dépouillant les bambous,
Au jour pâle qui l'abandonne,
Son livre lui semble plus doux.

Quand sa fenêtre s'emplit d'ombre,
Il détourne à peine les yeux
Et cherche une place moins sombre
Vers un autre côté des cieux.

Bientôt il poursuit son étude,
Seul, en plein air, à travers champs,
Peuplant l'ombre et la solitude
De beaux rêves, purs et touchants.

— Mais de quoi vit ce jeune sage ?
Vous diront les gens étonnés.
— Il va couper du blé sauvage
Dans les terrains abandonnés.

# XXII

## EXIL

*A Frédéric Régamey.*

Au pied de mon lit, resplendit la lune.
Serait-ce l'hiver? A-t-il gelé blanc?
N'est-ce pas plutôt l'amandier tremblant
Dont neigent les fleurs sur la terre brune?

Je lève la tête, et sous le treillis
Je contemple un peu la lune en l'espace;
Je baisse la tête, et, la tête basse,
Je rêve longtemps à mon cher pays.

XXIII

*RUINES*

*A Adolphe Racot.*

L'ECUME bat les rocs stériles,
  Dans les pins mugit un grand vent;
Les rats gris, sous les vieilles tuiles,
Se sauvent en m'apercevant.

Quel grand roi, quel vainqueur antique,
Vint, au pied de ce mont pelé,
Bâtir ce palais fantastique,
Depuis vingt siècles écroulé?

Des spectres, faits de lueurs pâles,
Hantent ces lieux toute la nuit;
Un bruit de soupirs et de râles
Y flotte sur le vent qui fuit.

— Il avait des femmes divines,
L'antique roi! Malgré leurs fards,
Toutes ne sont plus, ô ruines,
Qu'un amas d'ossements blafards !

Quelle escorte brillante et fière
Accompagnait son char doré!
Une tombe, un cheval de pierre,
Restent seuls au prince adoré.

Je m'assieds parmi l'herbe épaisse,
Et je veux chanter mes douleurs;
Mais, hélas! telle est ma tristesse,
Qu'il ne me vient plus que des pleurs.

# XXIV

## A CHEVAL!

A Tancréde Martel.

Oн ! sur la frontière !...
L'homme né là-bas et là-bas grandi
N'ouvre pas un livre en sa vie entière ;
Mais quel franc buveur, quel chasseur hardi !

A l'automne, il part, sans peur, sans encombre.
Il prend dans les prés son léger cheval ;
Il court, il galope, il ne fait plus d'ombre.
Quels élans, quels bonds ! quel air triomphal !

Son fouet siffle, claque et cingle la neige,
S'il ne sonne pas dans l'étui nacré.
On dirait un roi qui va sans cortège;
Son faucon le suit et vole à son gré.


De ce cavalier qu'un lettré diffère!
Courbé comme on l'est sous un lourd fardeau,
Un lettré blanchit (hélas! pourquoi faire?)
          Derrière un rideau.

# XXV

## *LE CORMORAN*

*A Raoul Gineste.*

SOLITAIRE, immobile, un cormoran d'automne
Médite au bord du fleuve et suit, de son œil rond,
La fuite de l'eau monotone,
La fuite du flot souple et prompt.

Parfois un homme vient, qui passe ou qui s'arrête;
Le cormoran alors s'éloigne lentement,
S'éloigne en balançant la tête,
Et disparaît pour un moment.

Mais derrière un buisson qu'un pâle rayon dore,
Il guette le départ de cet indifférent,
    Car il aspire à voir encore
    L'eau monotone du courant.

Lorsque luit sur les flots la lune au doux mystère,
Le cormoran, devant ce paisible tableau,
    Grave, immobile, solitaire,
    Médite et rêve, un pied dans l'eau.

Ainsi médite, loin de la foule insensée,
Un amour dédaigneux des brèves passions :
    Toujours de la même pensée
    Il suit les ondulations.

XXVI

LA CHANSON DU FLEUVE JAUNE

*A Coquelin Cadet*

Le Fleuve Jaune, le grand Fleuve,
Descend des célestes sommets
Et roule à la mer, sans jamais
Remonter aux bords qu'il abreuve.

— Seigneur, évitez les miroirs
En votre royale demeure !
Car vous y verriez à toute heure
Que vos cheveux ne sont plus noirs.

Hier votre tête était brune,
Sur votre tête il a neigé;
Mais le bon vin n'a pas changé,
Buvons donc au clair de la lune!

L'un cherche ici-bas les amours,
A l'autre la richesse est chère;
Au troisième il faut bonne chère.
Flûtes, clochettes et tambours.

Moi, Seigneur, je n'ai d'autre envie
Que de m'enivrer, mais si bien,
Mais si profondément, que rien
Ne me dégrise de ma vie.

# XXVII

*A Alfred Lanson.*

L'HIVER pesant rend l'eau plus dure que la pierre ;
Mais aux premiers rayons de l'aube printanière,
L'eau frémit, se dilate, et jaillit sous les cieux,
En bonds légers et fiers, en beaux élans joyeux.
— Lorsqu'enfin reviendra la saison qui délivre,
Moi dont le cœur glacé voudrait aussi revivre,
J'irai sur la colline ; et le soleil vainqueur
Fondra peut-être alors les glaçons de mon cœur.

# XXVIII

## LE VIN DE L'ADIEU

*A André Lemoyne.*

Je fis halte et mis pied à terre,
    Pour offrir le vin de l'adieu
Au voyageur qui, solitaire,
Devait me quitter en ce lieu.

Je lui dis : « —Ma peine est profonde.
Pourquoi partir ? Pourquoi l'exil ?
— Dans les affaires de ce monde
Je n'ai pas réussi ! » dit-il.

Il ajouta : « — Je m'en retourne
Aux monts Nan-Chan; leurs vallons verts
Vous versent, dès qu'on y séjourne,
L'oubli profond des maux soufferts.


A quoi bon chercher aventure
Hors des cercles originels?
L'immuable étreint la nature,
Les nuages sont éternels.»

## XXIX

## LA TISSEUSE CÉLESTE *

A Léon Cladel.

Au bord du lac Kouen-Ming, une blanche statue
Porte ton nom sacré depuis plus de mille ans,
O *Tisseuse céleste*, étoile aux rayons blancs
Par l'Empereur d'en haut dans la nuit suspendue !

Depuis plus de mille ans l'eau berce sa beauté,
Loin du bruit, loin des voix de la ville importune ;
Ses sourcils font songer au croissant de la lune,
Son front haut semble un mont par les flots reflété.

* L'étoile Wéga de la Lyre.

Pareil au nénuphar, son visage à toute heure
Est doux, calme, et l'on voit s'y poser les oiseaux ;
Immobile, devant le pur miroir des eaux,
Elle laisse passer les siècles — et demeure.

XXX

## RENONCEMENT

*A Zénon-Fière.*

EN isolant son corps du monde,
On en détache son esprit;
Dans ma solitude profonde,
La fleur sainte s'ouvre et fleurit.
Je n'entends plus rien. Je contemple.
Le firmament luit comme un temple.
L'espace, le temps ! sais-je encor
Ce que ces mots creux veulent dire ?
De ma manche qui se déchire,
J'ai laissé tomber tout mon or.

Admirant mon indifférence
Pour l'or semé sur le chemin,
Avec une avide espérance,
Des femmes m'ont pris par la main.
Mais mon désir franchit les nues :
Salut, extases inconnues !
Adieu, plaisirs vains et grossiers !
Vers la félicité suprême
Je monte, et je ne vois plus même
La neige vierge des glaciers.


Cette vie est une imposture
Et n'a plus rien qui me soit cher ;
Fais ce que tu voudras, nature,
De mon aveugle et faible chair !
Quand donc, d'un bond, pourrai-je atteindre
Le rêve que je veux étreindre,
Le rêve éternellement pur ?
Quand donc, mon corps tombant en poudre,
Sentirai-je enfin se dissoudre
Mon être d'ombre en libre azur ?

VERS HÉROÏQUES

## LA CHANSON DU PAYSAN

(ÉPOQUE DE YAO — 2,357 ANS AVANT L'ÈRE CHRÉTIENNE)

Dès que paraît le jour, je me rends à l'ouvrage ;
Dès que la nuit revient, le sommeil me soulage.

Pour apaiser ma soif, je bois l'eau de mon puits ;
Mon champ bien cultivé me nourrit de ses fruits.

Pourquoi donc l'Empereur met-il tant d'insistance
A s'occuper de nous et de notre existence ?

I I

## DEUX STANCES DU LI-SAO

*A Gustave Rivet.*

LE Ciel est souverain. Sans faveur, sans contrainte,
Il choisit pour organe, il prend pour instrument,
Le peuple le plus digne; et c'est uniquement
Par l'active vertu d'une sagesse sainte
Que le pouvoir s'exerce en se légitimant.

Qu'on regarde en avant, qu'on regarde en arrière,
Partout règne toujours cette fatalité.
Où donc mettre sa foi, sinon dans l'équité?
Où tourner ses regards, sinon vers la lumière,
Et quel parti servir, sinon l'humanité?

III

## EXHORTATION

AVANT LE COMBAT

*A Jean Destrem.*

Ne luttez pas à l'aventure ;
    Tirez sur les chevaux d'abord ;
Et tant que la bataille dure,
Soyez sans pitié, frappez fort !

N'abusez pas de la victoire !
La paix conquise sans remords
Donne une plus féconde gloire
Que la multitude des morts.

# IV

## EN CAMPAGNE

*A Léon Linde.*

Au cinquième mois, dans les Monts Célestes,
C'est toujours l'hiver avec sa pâleur:
Les vallons sont pleins de bises funestes:
Rien que de la neige, et pas une fleur!

Hélas! on a beau jouer sur la flûte
L'air des saules, l'air du printemps joyeux;
Le joyeux printemps, que le froid rebute,
Nulle part encor ne luit à nos yeux.

Dès l'aube, un cri part : l'ennemi s'approche !
On marche, on se bat tout le long du jour ;
Il faut reculer au son de la cloche,
Il faut avancer au bruit du tambour.

La nuit tombe ; on dort sans quitter sa selle,
Penché sur le cou de son bon cheval. —
Quand donc, sous l'azur où l'or étincelle,
Pourrons-nous frapper un coup triomphal !

V

## LETTRE D'UNE JEUNE FEMME

A SON MARI QUI FAIT LA GUERRE

*Au Général Francis Pittié.*

Il est telle fleur, frêle et pure,
  Qui ne peut croitre sans appui ;
Il est tel cœur, dont la nature
Veut un cœur plus fort près de lui.


Mon amour ne prévoyait guère
Ce que lui réservait le sort :
Epouser un homme de guerre !
Mieux peut-être eût valu la mort.

Je ne fus qu'un jour votre femme;
Et vite il a fui, ce beau jour !
Dès le lendemain, vous, mon âme,
Vous quittiez mon pauvre séjour.


Je m'étais promis de vous suivre
Et de m'attacher à vos pas;
Mais là-bas, tous deux, comment vivre?
Je vous aurais gêné là-bas.


Songez-vous, hélas! à l'épouse
Qui vous désire en sa langueur?
De l'amour la guerre est jalouse!
Quand donc reviendrez-vous vainqueur ?


Mon vêtement de toile fine,
Je l'ai tissé patiemment;
Mais je suis d'humeur trop chagrine
Pour mettre mon fin vêtement.


Les oiseaux volent dans l'espace.
Et tous ils volent deux par deux;
Devant leur bonheur pur qui passe,
Les pleurs gonflent mon cœur douteux.

Tout appel du plaisir me froisse,
Je renonce aux fards éclatants :
Je vous attends avec angoisse ;
Seule et triste, je vous attends.

# VI


# LE CHIEN DU VAINQUEUR

*A Leconte de Lisle.*

Un jour je fus blessé, pendant la grande guerre
    Où les héros marchaient sous le pavillon noir;
Mais sans lâche repos, sans faiblesse vulgaire,
J'oubliai la blessure et luttai jusqu'au soir.


Après la lutte, au pied de notre citadelle,
Encor sanglant, encor plein d'un tragique émoi,
J'errais dans la campagne avec mon chien fidèle
Qui, tout le jour, avait combattu près de moi.

Or, montrant à mon chien, sur le champ de bataille,
Les cadavres couchés dans l'herbe, au bord d'un bois,
Et lui montrant le sang qui coulait d'une entaille,
Pour le récompenser je lui dis : « Mange et bois! »

Mais le fier compagnon laissa la proie offerte.
Sans même avoir flairé ces morts et leur néant ;
Les yeux ardents et doux, vers ma blessure ouverte,
Quand j'eus dit : « Mange et bois! » il se dressa béant.

C'était mon sang vainqueur et chaud, qu'il voulait boire
Dans la plaie encor vive, à l'éclat triomphal ;
Et je tendis, avec l'orgueil de la victoire,
Cette tasse écarlate au superbe animal.

# VII

## RETOUR DU SOLDAT

*A Sutter Laumann.*

Je regarde l'hirondelle,
L'hirondelle vole haut.
— Celle qui m'aime, bientôt
Va me revoir auprès d'elle.

J'appelle, on ne répond pas.
L'amour m'est-il infidèle ?
— Je regarde l'hirondelle,
L'hirondelle vole bas.

# VIII

## LA CIGOGNE

À Edmond Lepelletier.

L'EMPIRE du Milieu voit sa gloire flétrie,
Et la guerre civile y règne avec fureur;
O malheureux enfants de la grande Patrie,
je pâlis avec vous de tristesse et d'horreur!

Vous étiez libres tous, et vous êtes esclaves;
Tous vous resplendissiez, et vos cieux sont ternis;
Vous avez succombé, quoique vous fussiez braves:
Sans avoir fait le mal, vous vous trouvez punis.

Quand donc viendra pour vous le jour de délivrance?
De quelle race est-il, l'homme élu par les dieux
Qui vous rapportera la céleste espérance
Et rendra de nouveau votre front radieux?

Là-bas, sous la nuée où se cache l'aurore,
Une cigogne blanche émerge à l'horizon.
Elle vole, elle vient! Mais nul ne sait encore
Quand elle s'abattra ni sur quelle maison.

CONTES ET LEGENDES

I

## LO-FOH

*A Sully-Prudhomme.*

I

Dis qu'au pays de Thsin se lève à l'horizon
Le soleil, le soleil dore notre maison.

Au beau pays de Thsin où notre toit scintille,
Connaissez-vous Lo-Foh, la belle jeune fille?

A la fine patère en bois de canelier,
Par une tresse bleue est pendu son panier.

Lo-Foh sait dévider la soie, et Lo-Foh cueille
Là-bas, sur les mûriers du sud, la tendre feuille.

Selon l'art japonais, Lo-Foh sait d'un doigt sûr
Epingler ses cheveux sur son petit front pur.

A son oreille luit, simple mais peu commune,
• Une perle aux doux feux, ronde comme la lune.

Sa robe longue est jaune et flotte au vent joyeux,
Sa robe courte est rose et réjouit les yeux.


## II

Seul, sur son char léger, dans la plaine fertile,
Par le chemin du sud le roi rentre à la ville.

Halte ! les cinq chevaux piaffent. « — Qui donc es-tu ? »
Dit à Lo-Foh le roi, qui l'admire éperdu.

« — Dans le pays de Thsin qu'habite ma famille,
Seigneur, qui ne connaît Lo-Foh, la pauvre fille ?

« — Et quel âge a Lo-Foh ? — Lo-Foh n'a pas vingt ans,
Mais elle a déjà vu plus de seize printemps.

« — Plairait-il à Lo-Foh, dont la beauté m'enivre,
De monter sur mon char et de m'aider à vivre ?

« — A votre reine, ô roi, demandez le bonheur,
Moi, j'ai mon fiancé. Merci ! c'est trop d'honneur. »

## II

## La GUITARE

A Camille Pelletan.

Vers le fleuve Tcheng-Yang nous chevauchions un soir,
　　Reconduisant l'ami qui m'était venu voir.
Un morne vent d'automne, avec de longs murmures,
Frôlait les grands roseaux et les sombres ramures ;
Nous fîmes halte enfin, dans l'ombre, au bord de l'eau,
Je suivis mon ami jusque sur son bateau,
Afin de boire encore à son heureux voyage.
Nous allions nous quitter. A travers un nuage,

Le clair de lune froid miroitait sur les flots,
Où roulaient sourdement les pleurs et les sanglots;
Et tous deux nous rêvions. Je comptais une épique,
Pour charmer nos adieux, d'écouter peu de musique!
La musique adoucit les plus tristes instants.
— Mais tout-à-coup, sur l'eau qui frissonne, j'entends
Les sons harmonieux et clairs d'une guitare.
Qu'ils sont doux! Leur douceur de notre cœur s'empare;
Nous nous levons tous deux, nous cherchons dans la nuit
D'où peut venir le chant divin qui nous séduit.
Nous courons vers l'endroit où l'instrument résonne;
Là, nous regardons. Rien! Nous appelons. Personne!
Tout se tait. Vainement nous prions, supplions.
Nous allumons la lampe. A ses jaunes rayons
Nous distinguons alors, par dessus notre amarre,
Une femme que cache à moitié sa guitare;
On cause, elle consent à venir près de nous.
Et son chant recommence, aussi pur, aussi doux.

Le prélude indécis tremble, comme une étoile
Pâle et timide, au bord de l'ombre qui la voile;
La mélodie, avant de prendre son essor,
Hésite, et se berçant, semble rêver encor.
Le sentiment se cherche et déjà se révèle;
Il se dégage, avec une douceur nouvelle;
Puis, dans une aube où l'ombre enfin s'évanouit,
Tel qu'un arbuste en fleur, le chant s'épanouit.
Les arpèges, courbant leurs arabesques libres,
Parcourent l'instrument dont tressaillent les fibres;

Leur vol monte, descend, va, vient, remonte aux cieux,
Plane, et vers nous retombe en sons délicieux.
Sur un plateau de jade il pleut des perles fines.
Plus bas, c'est un bruit d'eau roulant dans les ravines ;
Ici tout luit, tout rit ; là s'effeuillent des fleurs ;
Un rêve d'amour pur aux limpides couleurs
Jaillit dans l'éther bleu, pour éclore en fusée ;
Souple comme un rayon dansant dans la rosée,
La gamme fait vibrer tous les échos des bois ;
Et voici qu'on entend un fleuve aux mille voix,
Qui, du haut des rochers, précipite en écume
Ses nappes de cristal dont s'irise la brume.
Mais silence ! un oiseau passait, il s'est posé.
L'air s'achève ; on dirait un beau vase brisé
Qui gémit sous le choc, s'ouvre, éclate, s'écroule.
Une sourde rumeur s'enfle comme une houle :
L'esprit rapide évoque, au loin, dans un éclair,
Une charge emportant des cavaliers de fer.
L'archet est ramené ; tout frémit, tout expire ;
Et c'est comme un morceau d'étoffe qu'on déchire.


A l'Est, à l'Ouest, partout, les bateaux sous les cieux,
L'accord final éteint, restent silencieux :
Rien que le clair de lune argentant l'eau qui rêve !
Or, la musicienne, ayant fini, se lève,
Nous salue, et s'apprête à quitter notre bord ;
Mais nous la retenons. Elle a honte d'abord,
Puis, voyant l'intérêt sincère qu'elle inspire,

Elle nous parle, avec un triste et fin sourire.
La capitale était son pays. A treize ans,
Elle apprit la musique ; et les tendres accents
Que la guitare avait sous sa main si légère,
A tous les connaisseurs bientôt la rendaient chère.
Célèbre, dans son art tenant le premier rang,
Ne trouvant sur ses pas aucun indifférent,
Enviée en secret par les plus nobles femmes,
Elle mettait partout les plus grands cœurs en flammes.
Il n'était rien d'assez précieux, pour payer
Le moindre des morceaux qu'elle daignait jouer ;
Tous les jours, on fêtait la jeune enchanteresse.
Que de joyeux matins, et quelles nuits d'ivresse !
Sans qu'elle en eût souci, l'automne et le printemps
S'envolaient, dans un bruit de rires éclatants.
Son frère était soldat, et sa mère était morte. —
Mais le temps passe, fuit, et dans sa fuite emporte
La jeunesse et l'amour, qu'il effeuille aux vents froids.
Après s'être endormie heureuse tant de fois,
Elle connut la longue insomnie et les larmes.
On n'admirait plus tant son talent ni ses charmes ;
Les chaises à porteurs et les chevaux fringants
Amenaient à ses pieds beaucoup moins d'élégants.
Adieu les rêves d'or que l'illusion berce !
Les temps devenaient durs. Un homme de commerce
Montrant pour elle alors un sérieux penchant,
Elle se dépêcha d'épouser ce marchand ;
Mais le digne homme, aimant l'argent sur toute chose,
Lui faisait rarement des jours couleur de rose.

« Voilà bientôt, dit-elle, un mois, qu'il a quitté
Sa femme et son bateau pour ses achats de thé ;
Entre la lune pâle et les frissons du fleuve,
Je suis depuis un mois seule comme une veuve.
Ce soir, au souvenir de ma jeunesse en fleur,
J'ai pleuré. Je chantais pour tromper ma douleur.

Nous avions admiré le talent de l'artiste :
La femme nous émut. — Hélas! la vie est triste,
Dis-je ; et l'art fait de nous, en nos destins divers,
Les enfants délaissés de l'antique univers.
Nous nous reconnaissons sans nous connaître ; il semble
Qu'on soit de vieux amis dès qu'on se trouve ensemble.
Loin de la capitale, hélas! depuis un an,
Moi-même, je végète ainsi qu'un paysan :
Et je me sens vieillir, sans amis, sans musique,
Sans bien-être moral ni bien-être physique.
Depuis un an, pas un accent mélodieux !
J'habite, au bord du fleuve, un logis odieux.
Un pavillon qu'entoure un jaune marécage
D'où la fièvre, parmi les roseaux, se dégage.
J'entends à mon réveil, j'entends pour m'endormir,
Les corbeaux croasser et le singe glapir ;
Dans le printemps en fleur, sous la lune d'automne,
Je bois toujours seul. L'ennui jamais ne m'abandonne.
Parfois vient jusqu'à moi l'air joyeux ou la chanson
D'un montagnard qui passe auprès de ma maison.
Est-ce de la musique ? Hélas ! c'est le contraire,
Et ce bruit-là m'irrite au lieu de me distraire.

Ce soir, à vos accords, loin du monde réel,
Enfin j'ai respiré. J'ai vu s'ouvrir le ciel.
Jouez un air encore, oh ! je vous en supplie,
Avant que je ne rentre en ma mélancolie! »


Elle pencha le front, se recueillit un peu.
Puis reprit sa guitare ; et son plaintif adieu
Sut allier à tant de tristesse profonde
Tant de douceur, qu'il fit fondre en pleurs tout le monde.

III

CHANTS ALTERNÉS

A Albert Mérat.

Au bord du fleuve, un soir d'été, par la fraicheur,
Ly-Ting, le bûcheron, Tchang-Sao, le pêcheur,
S'en retournaient, porteurs d'une fortune égale,
Après être venus vendre à la capitale.
Le premier ses fagots et l'autre son poisson.
Ayant bu largement d'excellente boisson,
Ils suivaient leur chemin, légers, pleins d'allégresse.
Le crépuscule était doux comme une caresse ;
Et célébrant tous deux leurs travaux tour-à-tour.
Ils devisaient ainsi dans l'or mourant du jour :

## TCHANG-SAO

Vivre pour les honneurs, les intérêts, la gloire,
C'est rêver en tenant un tigre entre ses bras ;
On est bien plus heureux lorsqu'on vit sans histoire,
Loin des complots obscurs et des vains apparats.

Dans ses humbles loisirs, tandis qu'en longues files
S'alignent devant l'eau tous les oiseaux plongeurs,
Le pêcheur va cueillir sur les rives fertiles
La fleur bleue et la fleur aux timides rougeurs.

Que sa barque est petite en l'étendue immense !
On dirait une feuille emportée au courant ;
Mais elle vogue en paix ; le ciel plein de clémence
Sur le flot musical la berce en murmurant.

Parmi les osiers verts de l'anse harmonieuse,
A l'heure du retour, sa femme et ses enfants
Viennent rire et chanter ; et leur âme joyeuse
Est un port calme et sûr que respectent les vents.

## LY-TING

Le bûcheron n'est point esclave ; il a la force,
Il a la liberté, l'espérance, l'amour ;
Dans ses souliers de paille et ses habits d'écorce,
Il se sent aussi fier qu'un roi devant sa cour.

Pour lui, pour tous les siens, le ciel sait à merveille
Mûrir sur le coteau la poire au jus sucré,
La prune violette et la pêche vermeille,
La piquante jujube et      doré.

L'hiver vient, l'hiver part. La fleur naît, puis la feuille ;
Et le printemps au bois réveille les chansons,
L'été gonfle les fruits, et l'automne les cueille ;
Puis c'est encor la neige et les brillants glaçons.

Et l'hiver ou l'été, le printemps ou l'automne,
Que ce soit la saison des frimas ou des fruits,
Au vaillant bûcheron la bonne forêt donne
L'heureux labeur des jours et le repos des nuits.

## TCHANG-SAO

Le pêcheur a ses biens. Sur les flots qu'il explore,
Il récolte la menthe ou le nénuphar blanc,
La pousse du bambou lorsqu'elle est tendre encore,
Et la châtaigne d'eau que berce un lac tremblant.

La tortue, à la verte et lourde carapace,
Lui fait un fin rôti ; le crabe tacheté
Le régale ; il extrait de sa claire cuirasse
La crevette qu'il presse avec dextérité.

Puis, au chant de la brise, frémau sous les branches
Dans son bateau flottant près d'un saule amarré,
Il voit les cormorans et les cygnes blanches
Voler en plein soleil sur le ciel azuré.


## LA PÊCHE

Qui ne préférerait au crabe, à la tortue,
L'appétissant fumet de notre venaison ?
La faisane et le daim qu'un adroit chasseur tue,
Ne sont-ils pas meilleurs que le plus fin poisson ?


Le montagnard dispose à son gré sa demeure ;
Aucune ambition ne trouble son cerveau ;
Pour le garder en joie aux jours où le ciel pleure,
Dans sa cruche fermente et bout le vin nouveau.


Un hôte arrive : on joue aux échecs ; on s'anime.
On sort ; la lune luit sous le feuillage noir ;
Et le luth, se mêlant au clair de lune intime,
Berce un rêve embaumé dans le sommeil du soir.


## TCHANG SAO

Lorsqu'à l'horizon pur surgit la lune ronde
Qui prend les fleurs et l'eau dans ses réseaux d'argent,
Le pêcheur, seul, debout entre le ciel et l'onde,
Règne en maître et seigneur sur le fleuve changeant.

Quand le soleil se lève au sein des vapeurs roses,
Il aborde un ilot plein de verts sauvageons ;
Là sèchent ses filets ; et lui, paupières closes,
Jusqu'à la troisième heure il dort parmi les joncs.

### LY-TING

L'insecte jusqu'au cœur ronge l'orme et le saule :
Le bois mort craque et tombe au pied de l'oranger ;
Le bûcheron revient, le fagot sur l'épaule ;
Malgré sa lourde charge, il a le pied léger.

Et quel bon somme alors il fait sur son lit d'herbes !
Il n'a pour oreiller qu'un tronc d'arbre grossier ;
Mais il serait gêné par des rideaux superbes :
Ses fils seraient moins beaux dans un palais princier.

### TCHANG-SAO

Près du treillis léger, sous les fleurs familières,
Je montre à mes enfants la meilleure façon
De tresser les filets aux mailles régulières
Et d'enrouler la soie autour de l'hameçon.

### LY-TING

Quand ma tâche est finie, heureux et fier de vivre,
Près du léger treillis fait de bambous croisés,
Pour apprendre à mes fils à lire dans un livre,
Je m'assieds avec eux sous les cieux apaisés.

### TCHANG-SAO

Notre vallée est close aux rumeurs de l'Empire,
Et des Dieux seulement nous entendons la voix.

### LY-TING

Au pied de nos coteaux le bruit du monde expire,
Et le souffle du ciel émeut seul nos grands bois.

### TCHANG-SAO

Pour l'habitant des lacs, gracieuse et candide,
Une épouse aux yeux clairs fait bouillir l'eau du thé.

### LY-TING

Une modeste épouse au beau regard limpide
Apporte au montagnard le riz bien apprêté.

### TCHANG-SAO

Le bienveillant pêcheur donne le nom de frères
A ceux qui, comme lui, vont sur l'eau chaque jour.

### LY-TING

A ceux qui, comme lui, vont aux bois séculaires
Le bûcheron prodigue un fraternel amour.

### TCHANG-SAO

Le batelier devient, sur son libre rivage,
L'ami du cormoran et l'ami du héron.

### LY-TING

Le pin, le chèvrefeuille et le prunier sauvage,
Dans sa libre forêt charment le bûcheron.

### TCHANG-SAO

Avec quelle douceur, au printemps, l'âme ouverte,
On voit fuir sous les ponts les torrents débordés !

### LY-TING

Qu'on se sent doux et fort, quand la montagne verte
Sort, au lever du jour, des brouillards argentés !

### TCHANG-SAO

L'horizon du pêcheur est plus grand qu'un royaume.

### LY-TING

La montagne est un temple ayant le ciel pour dôme.

### TCHANG-SAO

Le pêcheur est l'égal des Sages radieux.

### LY-TING

Le montagnard finit par ressembler aux Dieux.

### TCHANG-SAO

Soyez bénis, flots purs, en vos profonds abîmes !

LY-TING

Soyez bénis, grands bois frissonnant sur les cimes !

TCHANG-SAO

O baisers du ciel d'or !

LY-TING

O terre qui fleuris !

TCHANG-SAO

Adorons la nature !

LY-TING

Adorons les esprits !

# IV

## LA COURTISANE AUX ENFERS

*A Jules Arène.*

LA COURTISANE. — LE JUGE IEN-WANG. — LES DIABLES.

> « *Le vent de la demeure des morts est dur,*
> *la porte du temple s'ouvre, le prince Ien-Wang*
> *siège à son tribunal. Des diables à tête de bœuf,*
> *à figure de cheval, des scribes, des diablotins, se*
> *tiennent rangés à droite et à gauche. Le diable*
> *Ou-Tchang est très affairé ; il a reçu la tablette*
> *d'ivoire et poursuit les âmes. Dans la prison, une*
> *femme pleure piteusement ; il l'entraîne devant*
> *le tribunal.* »
>
> (JULES ARÈNE. — La Chine familière
> et galante.)

### LA COURTISANE

MONSIEUR Ien, écoutez, je ne suis pas méchante.
J'eus, tout au plus, l'humeur parfois un peu changeante
Et quel est le mortel qui ne change souvent?
Mes parents m'ont livrée aux plaisirs toute enfant;

Hélas ! chacun a-t-il le destin qu'il préfère ?
J'ai fait tout simplement ce qu'on m'a dit de faire.
Oui, c'est vrai, je l'avoue, à plus d'un cavalier
Mon bras plié, le soir, a servi d'oreiller.
Est-ce un si grand malheur ? Frêle et pauvre victime,
J'ai tâché d'être belle. Est-ce un si vilain crime ?
Dans mes cheveux, l'hiver, je mettais de ma main
L'épingle d'or semblable à la fleur de jasmin ;
Lorsque chantaient les nids pleins de douces querelles,
J'entremêlais le jade et les fleurs naturelles.
On se sentait plus fier, meilleur, plus indulgent,
Sous mes doigts effilés comme des clous d'argent ;
J'étais l'oubli, l'entrain, la chanson, la caresse.
Sitôt qu'il s'agissait de jeux ou de tendresse,
Quand on me disait : Viens ! je disais : Me voilà !
Vraiment, peut-on beaucoup me reprocher cela ?
On aimait mon corps svelte et frais, ma gaîté franche,
Mon bon cœur, plus léger que l'oiseau sur la branche,
Et mes tout petits pieds, pareils au nénuphar,
Et plus éblouissants qu'un prince sur son char,
Dans la pantoufle rose, aux riches broderies,
Où des papillons blancs buvaient des pierreries.
On vantait à l'envi mon regard velouté,
Mon sourire, baigné de molle volupté,
Mes souples cheveux noirs, l'éclat de mes épaules,
Et mes sourcils plus fins que les feuilles des saules,
Et mon oreille exquise, où, comme un tendre aveu,
J'entendais chuchoter le souffle du ciel bleu.
Moi, j'adorais, selon les lois de la nature,

Les beaux garçons, portant de l'or plein leur ceinture ;
J'ai vécu sans penser, l'esprit toujours distrait.
Comment prévoir, hélas ! que tout me trahirait ?
La vieillesse est venue, amenant la misère.
L'agréable, l'utile, enfin le nécessaire,
M'ont manqué. Plus de feu, plus de thé ! Rien, plus rien,
Que le mépris de l'homme et les abois du chien !
Ah ! laissez-vous fléchir et renvoyez mon àme,
Monsieur Ien, dans le sein de quelque honnête femme !

## IEN-WANG

Par toi, spectre trompeur, par tes appàts pervers,
Par tes sourcils légers comme les saules verts,
Par l'ardeur de tes yeux clairs comme un lac limpide,
Par ton cœur àpre au gain et par ton air candide,
Que de fils ont réduit leur père au désespoir !
Les maris affolés trahissaient leur devoir,
Vendaient champs, maisons, tout, et, de leur patrimoine
Ne sauvant même pas une fleur de pivoine,
Laissaient là, sans abri, leur femme et leurs enfants,
Pour un instant d'ivresse en tes bras étouffants.
Tu changeais les amis en haineux adversaires,
Tu riais d'exciter des rixes entre frères !
Le ciel t'avait donné la divine beauté ;
Qu'en faisais-tu, réponds ? Mensonge, impureté,
Vénalité sans fin, stupide effronterie !
Tu jetais au bourbier ta jeunesse fleurie ;

Rien ne sortait de toi que la honte et le deuil ;
Comme les flots troublés écumant sur l'écueil,
Les hommes se brisaient contre ton cœur de roche.
Et voilà ce qu'ici, femme, l'on te reproche ;
Voilà pour quels méfaits, chiens jaunes et corbeaux
Vont déchirer ta chair et te mettre en lambeaux.
Démons, avancez tous ! La cause est entendue.
A la Tour des Regrets cette fille perdue !

# V

## EN DISGRACE

*A Théodore de Banville.*

### I

Sous le cristal aigu de ia blanche gelée,
        Voici les feuilles qui s'en vont!
Les monts Vou sont brumeux; le vent, dans la vallée,
        Souffle à travers le bois profond.


Gonflé par les torrents, le grand fleuve rapide
        Soulève ses flots égarés;
Les nuages, errant dans la montagne aride,
        Se mêlent aux brouillards des prés.

J'entends monter, du creux de la vallée étroite,
  Les coups sonores du battoir;
La lavandière, au bord du fleuve qui miroite,
  Se hâte; déjà vient le soir.


Par un soleil mourant, le triste chrysanthème
  Berce encor ses frêles pâleurs;
Demain, au vent glacé, perdant leur diadème,
  Tomberont les dernières fleurs.


## II


Dans un palais superbe, orné pour mon usage,
  Jadis j'avais le cœur joyeux;
Et j'allais, aux parfums brûlés sur mon passage,
  Couché sur des coussins soyeux.


Maintenant, aux créneaux de ces tours éternelles,
  Penché vers les flots écumants,
Je n'entends que les pas égaux des sentinelles
  Et leurs sinistres sifflements.


Très-haut, dans le soir froid, les fines hirondelles
  En longs vols traversent les airs :
Allez libres oiseaux ! fuyez les citadelles,
  Et regagnez des cieux plus clairs !

### III

Chaque nuit est semblable à la nuit précédente;
    Toujours dans le même appareil,
Des pêcheurs qui, toujours, sans que rien l'accidente,
    Fournissent un labeur pareil!

Je contemple, d'un œil flétri, le mont sauvage,
    Que la lune éclaire; au-dessous,
Dans les îles du fleuve et le long du rivage,
    Tremble le roseau triste et doux.

Je songe à mes anciens camarades d'études:
    Combien d'entre eux sont parvenus,
Tandis qu'ici je vois, ô mornes solitudes,
    Tous mes services méconnus!

Combien d'entre eux jamais ne prirent d'autre peine
    Que d'aller, entre leurs repas,
Promener leurs chevaux et leur mine hautaine
    Sur les cinq collines, là-bas!

### IV

A Tchang-Ngnan, paraît-il, on aime encore à boire,
    Et l'on joue aux échecs encor;
Quels écrasants revers, pourtant, forment l'histoire
    De ce siècle au lugubre essor!

Partout, dans les palais, de nouvelles figures ;
     Partout des départs attristants!
On n'a plus les habits, on n'a plus les parures,
     Qu'on avait dans le bon vieux temps.


Par les monts, vers le nord, résonne à la frontière
     Le gong ou le tambour battant;
Ce ne sont que courriers, chevaux et chars de guerre,
     Sur les routes de l'Occident.


Ici tout est de glace, ici tout fait silence;
     C'est ici qu'on a le loisir
De songer, ô mon cher pays, à l'excellence
     Des jours consacrés au plaisir!


V


Comme les éventails palpitaient, doux nuage,
     Avec leurs plumes de faisans,
Lorsque, chez moi, je vis un auguste visage
     Luire au-dessus des courtisans!


Comme éclataient, quand j'eus cette heureuse visite,
     O Dragon, tes écailles d'or!
Petit jardin d'Hou-Young, Hoa-Ngo, charmant site,
     Je crois vous contempler encor.

Les perles ruisselaient sur les tentes brodées,
Dans l'air frais des enclos fleuris.
O les fûts délicats des colonnes sculptées,
Et les animaux favoris!


O la jonque, penchant son léger màt d'ivoire
Vers le riant miroir des eaux,
Et se berçant, avec ses voiles, dans sa gloire,
Sous les ailes des blancs oiseaux!


## VI


J'ai quitté tout cela pour un désert. Ma vie
En est, hélas! au soir obscur.
Comme il est loin, le temps où j'inspirais l'envie,
Assis à la Porte d'Azur!


Aujourd'hui, mon cœur sombre en vains regrets s'épanche,
. Sans espoir d'un destin meilleur;
Mon front est tout ridé, ma tête est toute blanche,
Et je succombe à ma douleur.

# VI

# LE FOU DES FLEURS

> « Pour les peuplades de l'Asie centrale, la
> Chine est toujours le Cathay, c'est-à-dire le
> Royaume fleuri. »

*A Paul Arène.*

## I

Sous l'empereur Jin-Tsong, à deux lys de la ville
De Ping-Kiang, demeurait, dans un hameau tranquille,
Un brave homme déjà sur l'âge, Tsieou-Sien.
Né d'humbles paysans, il avait pour tout bien,
Avec sa maisonnette au toit couvert de chaume,
Un enclos qu'il n'eût pas donné pour un royaume.
Doux, simple, les yeux francs et le visage ouvert,
Jamais las, Tsieou-Sien paraissait encor vert,

Malgré ses soixante ans. Vieillit-on, quand on aime ?
Or, il avait l'amour, un amour vrai, suprême,
Source vive de joie et de célestes pleurs !
Et ce qu'il adorait ainsi, c'était les fleurs.
Ii n'avait pas d'enfants, et sa femme était morte.
En face du soleil s'ouvrait la grande porte,
La porte à deux battants de son jardin chéri.
Pour arriver au toit qui lui servait d'abri,
On suivait des bambous légers, formant la haie,
Et des cyprès touffus. Plus loin, sous la saulaie,
Comme un visage ami sous des cheveux flottants,
Se montrait et riait l'eau claire des étangs.

Dans ce modeste enclos poussaient toutes les plantes.
On y voyait, suivant les saisons différentes,
La pivoine, ce don du ciel, cete splendeur,
Le souple chèvrefeuille à la subtile odeur,
Les mauves, les lychnis, les fraiches balsamines,
L'églantier, rose et vert sous l'or des étamines,
Le lotus argenté, doux comme un soir d'amour,
Et les belles de nuit, et les belles de jour,
Le calycanthe offrait aux jeux de la lumière
Son calice semblable aux clochettes de pierre ;
Sur la ketmie, errait le jasmin caressant.
L'âcre œillet flambait, rouge et chaud comme du sang ;
Et, dans le blond fouillis des herbes effilées,
Croissait la matricaire insensible aux gelées.
Le poirier du Japon et le frileux pêcher
Frôlaient l'amandier nain, qui fleurit, si léger,

Dès qu'au chant clair des nids fuit l'hiver taciturne.
Le népenthès à la rosée ouvrait son urne;
Le lys embaumait l'air ému d'un long frisson,
Puis, avec maint arbuste encore et maint buisson,
On trouvait le lin bleu, le vanillier flexible
Que son parfum trahit quand il est invisible,
Et le thé généreux, l'incomparable thé,
Qui nous verse à flots d'or la joie et la santé.


II


L'actif et bon vieillard, maître de ces merveilles,
Abrégeait son repos et prolongeait ses veilles
Pour prendre un plus grand soin de son trésor vivant.
Loin du monde et du bruit travaillant et rêvant,
Il se trouvait plus riche et plus heureux qu'un prince;
Il était bien connu, quoique son bien fût mince,
Et chacun l'appelait gaiment le Fou des Fleurs.
Lui, sans prêter l'oreille aux propos des railleurs,
Il allait et venait, fervent, plein de tendresse;
Et les fleurs lui rendaient caresse pour caresse.
Les gens peu scrupuleux, sachant sa passion,
Lui portaient quelquefois avec précaution
Des arbustes volés sur les rives voisines.
Coupés au ras du sol, ils étaient sans racines;

Mais on dissimulait la chose pour le mieux,
En mettant de la terre autour du pied. Le vieux
Prenait tout, plantait tout, et, chose assez nouvelle,
Sous ses mains tout chez lui repoussait de plus belle.

Levé de bon matin, sans faute, chaque jour,
Il puisait l'eau bien vite, et vite, avec amour,
Il arrosait ses fleurs aux clartés de l'aurore ;
Le soir, il revenait les arroser encore.
Lorsque sa favorite allait s'épanouir,
Il chantait, il dansait. Puis, pour mieux en jouir,
Afin d'en mieux goûter la grâce enchanteresse,
Il mettait sur le feu, l'œil brillant d'allégresse,
Une coupe de vin, une tasse de thé.
Il s'avançait alors avec solennité,
Et, vers l'objet de ses intimes préférences,
Il s'inclinait, faisant, entre ses révérences,
Quelques libations. Il répétait trois fois :
« Fleur, ouvre-moi ton cœur ! Dieux, écoutez ma voix !
« Puissent, ô fleur qui nais, s'écouler mille années
« Avant le froid déclin de tes splendeurs fanées ! »
Cela dit, s'asseyant par terre, le vieillard
Savourait sa boisson goutte à goutte ; et très tard
Il restait là, béat, plein d'extase suprême,
Comme si, dans le ciel, il fleurissait lui-même.

Il fallait voir avec quel dévoûment parfait,
Sur les plants délicats que des yeux il couvait,

Il enlevait la boue et les feuilles jaunies.
Les fleurs qu'un mauvais temps avait un peu ternies,
Dans un bassin limpide il lavait leurs couleurs;
Et cela s'appelait pour lui « baigner les fleurs ».
Quand, avec la fureur de l'aveugle vertige,
Un orage implacable avait brisé leur tige,
Plein de mélancolie, anxieux, oppressé,
Malade, il les pansait, comme on panse un blessé;
Puis, croyant rendre ainsi la guérison plus sûre,
A genoux, en prière, il baisait leur blessure;
Et cela, ce subtil, ce tendre traitement,
C'était « soigner les fleurs », disait-il tristement.
Mais quels soupirs profonds, quand arrivait l'automne!
Oh! sur la terre en pleurs que le ciel abandonne,
Voir tout languir, voir tout expirer! C'est alors
Que Tsieou se sentait mourir de mille morts.
A quoi pouvait servir sa longue expérience?
Que faire? Sur le bord d'un plateau de faïence,
Il venait déposer les fleurs, qu'il essuyait
Tout doucement, avec un balai de millet.
Le soir, il les couchait dans une étroite bière,
Les inhumait, plaçait en mémoire une pierre;
Et cela, disait-il sur leur léger cercueil,
C'était « coucher les fleurs ». Puis il prenait le deuil.

Il était peu flatté qu'on lui rendit visite.
On est distrait, on est un peu brusque; et bien vite
On a commis parfois d'incurables dégâts.
Les enfants lui donnaient, surtout, de grands tracas

Il aimait les oiseaux, leurs chansons et leurs ailes :
Les oiseaux sont gourmands, mais doux; les plus rebelles
S'apprivoisent, et font moins de mal que de bruit.
A l'aise, il les laissait picorer un bon fruit;
Quant aux fleurs, même avec le plus joli ramage,
Il ne fallait jamais leur faire aucun dommage.
S'il voyait quelques-uns de ses hôtes ailés
Becqueter sottement les corolles : « — Allez!
Allez, leur disait-il, loin de mes fleurs si chères,
Querir ce qu'il vous faut, créatures légères! »
Afin de s'épargner un semblable chagrin,
Pour eux, il réservait toujours d'excellent grain
Qu'il plaçait sur le haut d'un tertre, en évidence;
Or, les petits oiseaux, vivant dans l'abondance,
Et comprenant fort bien ses paroles d'ailleurs,
Faisaient selon ses vœux et respectaient les fleurs.


III


Mais le ciel le plus pur reste-t-il sans nuage? —
Un fils de mandarin, jeune homme au dur visage
Qu'accompagnaient un tas de mauvais garnements,
Vint à passer un jour près de ces lieux charmants.
Il fut séduit, voulut entrer. « — Mon jeune maître,
Lui dit le vieux Chinois, vous espérez peut-être
Trouver dans cet enclos des choses de grand prix;
Hélas! je suis très pauvre, et je suis tout surpris

Que vous vous arrêtiez à mon humble demeure.
— Je veux voir ton jardin, fit l'autre, et que je meure
Si je ne le vois pas jusqu'en son moindre coin ! »
Le vieillard eut beau faire ; il était déjà loin,
Avec tous ses amis jaloux de lui complaire.
Tsieou les suivit donc, contenant sa colère,
Tremblant, pâle, et déjà pressentant un malheur.
C'était l'époque où les pivoines sont en fleur ;
Et celles du jardin, toutes fraîches-écloses,
Étaient si doucement, si superbement roses,
Qu'à ses plus chers trésors Tsieou les préférait.
«— Que nous chantais-tu donc, vieillard par trop discret ?
Dit le chef de la bande au jardinier timide.
Voilà des fleurs qui font un parterre splendide ;
Je veux me reposer en cet endroit divin,
Et boire à ta santé. Qu'on apporte du vin !»

Il fallut bien céder à cette fantaisie.
On s'empressa d'étendre à la place choisie
Un grand tapis de feutre ; et, le vin apporté,
On s'installa sans gêne, on but à la santé
Du bonhomme, qui, lui, refusa de rien boire.
Chacun de s'escrimer contre son humeur noire :
Sa tristesse égayait l'assistance. « — Il est tard ! »
Répétait Tsieou-Sien, attendant le départ
De ceux qu'il ne cessait de maudire en cachette.
« — Ton enclos me convient ; vends-le moi, je l'achète !
S'écria tout à coup le jeune intrus. — Seigneur,
Ce jardin est ma vie, il est tout mon bonheur ;

Je ne saurais le vendre à Votre Seigneurie.
— Bah ! ces pivoines-là, sans plus de bouderie,
Cueille-les moi, mon vieux, et tu n'y perdras rien.
— Mes pivoines ! Couper mes pivoines ! — Eh bien !
Pourquoi poussent les fleurs, sinon pour qu'on les cueille ?
— J'en respecte jusqu'à la plus petite feuille,
Et nul autre que moi n'entre dans ce séjour.
Les fleurs, c'est la beauté, l'espérance, l'amour !
Par les rayons divins qui font briller leurs teintes,
Les douces fleurs, les fleurs frêles, sont choses saintes !
Il n'y faut pas toucher, cela porte malheur.
— Je crois que ce vieux fou me prend pour un voleur !»
Grogna le méchant drôle à la mauvaise engeance
Qui l'escortait. Chacun ayant crié vengeance,
Il sentit redoubler sa rage et son ennui :
«— N'emportons rien, dit-il, mais cassons tout chez lui!»
Et, sous leurs coups, voilà que, par longues jonchées,
Tombent de toutes parts les pivoines hachées ;
Et l'on se sauve, avec des rires et des cris,
Ne laissant au vieillard que d'informes débris.


IV


Tandis que, dans le soir silencieux et sombre,
Il pleurait, faible, seul, plein de tristesse et d'ombre,
Une femme très belle apparut à ses yeux.
« — Tsieou, fit-elle avec un geste gracieux,

Ta douleur m'a touchée, étant pure et profonde ;
Je viens à ton secours. — Hélas ! personne au monde,
Madame, ne peut plus ressusciter mes fleurs.
— Ne désespérons pas ; sèche d'abord tes pleurs.
Veux-tu me laisser faire ? Il faut qu'on se dépêche.
Cours vite me chercher là-bas un peu d'eau fraîche,
Et crois en moi ! » Le vieux crut en elle, et courut.
Quand, avec l'eau par lui puisée, il reparut,
De la consolatrice il ne restait plus trace.
Mais les fleurs sur leur tige avaient repris leur place,
Pas une ne manquait ! Et la lune, émergeant
Des brumes, les baignait de ses rayons d'argent.


Le bonhomme attendri fondit en pleurs de joie.
Ses pivoines, son cher bouquet de fraîche soie,
Il ne se lassait point d'en contempler l'éclat.
Il vint toucher du doigt leur tissu délicat ;
Il ne put les quitter de la nuit, et près d'elles
Resta pensif, jusqu'au réveil des hirondelles.
Et, dans sa rêverie, il se dit : « Je gardais,
En jaloux, pour moi seul, ce que je possédais ;
Egoïste geôlier d'une terre féconde,
Ses trésors de beauté, j'en frustrais tout le monde ;
J'avais grand tort, les Dieux viennent de m'avertir.
En signe de sincère et profond repentir,
Je veux que, désormais, chacun puisse, à toute heure,
Aller, venir, ainsi que moi, dans ma demeure,

Et soit libre d'y voir quels superbes présents
Le Ciel juste prodigue aux labeurs innocents. »

Donc, dès le lendemain, il fut, sans plus attendre,
Conter son aventure à qui voulut l'entendre,
Et dire qu'en venant voir ses fleurs à loisir,
On lui ferait autant d'honneur que de plaisir.
On parla fort de ses pivoines sans pareilles,
Du miracle ; et le bruit en vint jusqu'aux oreilles
De son persécuteur, le fils du mandarin.
Le drôle en rit d'abord et n'en crut pas un brin ;
Pourtant, le jour d'après étant un jour de fête,
Il voulut voir, il vit. Puis, réflexion faite,
Il accusa Tsieou d'être un magicien.
Justement, en vertu d'un édit ancien,
L'on poursuivait alors les sorciers, — un rebelle,
Un novateur impie, ayant cherché querelle
Et porté préjudice à des gens haut placés ;
Les dénonciateurs étaient récompensés
Par le don gracieux des biens de leur victime. —
Le vieillard, comme s'il avait commis un crime,
Fut pris, fut enchaîné, fut conduit en prison.
La nuit vint. Le cœur gros, il cherchait la raison
De ce nouveau malheur qui le frappait en traître,
Lorsqu'il vit, comme au fond d'un rêve, reparaître
La dame qui, naguère, avait ressuscité
Ses pivoines, dans tout l'éclat de leur beauté.
«— Connais-moi bien, vieillard ! lui dit cette Immortelle.
Je suis la Fée-aux-Fleurs. J'ai pris sous ma tutelle

Ta vie et ton jardin. Celui qui te poursuit,
Celui qui m'a bravée, aura, dès cette nuit,
Le juste châtiment qu'en tous points il mérite
Pour sa cruauté froide et son zèle hypocrite.
Toi, Tsieou, ne crains rien ! Le parfum de tes fleurs
Plaide ta cause au ciel. Dors ! le temps des douleurs
Sera bientôt passé pour toi, je te l'atteste. »
Elle dit ; et, bercé par cette voix céleste,
Le vieillard trouva bon son misérable lit.

Et tout ce qu'elle avait annoncé, s'accomplit.


V


Le dénonciateur, pressé par ses complices,
Avait hâte d'aller savourer les délices
Du jardin qu'il avait si lestement conquis.
Tout fut vite ordonné pour un repas exquis,
Qu'on devait prendre à l'ombre, au bord de l'eau dormante;
Et chacun se promit une fête charmante.
Mais quelle ne fut pas la stupeur de chacun,
Lorsque, arrivant ensemble au moment opportun,
Ils ne trouvèrent plus, par un nouveau prodige,
Une seule pivoine en place sur sa tige !

Les fleurs jonchaient le sol, toutes dans un état
Lamentable; c'était comme après l'attentat.
On se sentit d'abord assez mal à son aise ;
Mais, pour parer à cette impression mauvaise :
« — Encore un méchant tour du vieux sorcier ! » dit-on.
Et puis on s'installa, dans un mol abandon,
Sur les épais tapis, sur les nattes luisantes,
Sans plus se soucier des fleurs agonisantes.


Le soleil descendait doucement du ciel d'or.
On but, on écouta des vers, on but encor,
Et tout le monde fut bientôt plus ou moins ivre.
Mais l'or du ciel s'étant terni comme du cuivre,
Dans un silence lourd le tonnerre gronda.
Au plus beau jour, le soir le plus noir succéda ;
Et, comme un tigre, ayant de loin flairé sa proie,
Bondit, l'étreint, la mord, la terrasse et la broie,
Sur cette orgie, avec un long déchirement,
Un ouragan terrible éclata brusquement.
Tout fut roulé, tordu. Les pivoines flétries,
Se transformant soudain en superbes furies,
Se dressèrent, le front imable, devant
Les blêmes conviés que souffletait le vent,
Et chassèrent à coups de fouets, parmi les flammes,
Ce tremblant ramassis de débauchés infâmes.
L'usurpateur ne put éviter son destin :
Traîné sans connaissance à travers le jardin,

Il fut précipité, la tête la première,
Dans un fossé fangeux, où, lorsque la lumière
Reparut dans les cieux par l'aube balayés,
On repêcha son corps dont seuls passaient les pieds.

Epouvantés, rompus, ses tristes camarades
Déplorèrent bien haut toutes leurs algarades,
Coururent chez le juge, et là, pleins de remords,
A l'envi l'un de l'autre avouèrent leurs torts.
Et le juge aussitôt reconnut l'innocence
Du pauvre Fou-des-Fleurs, qu'il fit, en sa présence,
Sans le moindre retard, rendre à la liberté.
Par ordre de justice, en outre, un arrêté
Fut pris, fut libellé, fut apposé sur l'heure
Au hameau du vieillard et devant sa demeure,
Qui racontait l'affaire en termes obligeants,
Et qui recommandait ses fleurs aux bonnes gens.
Quand il rentra dans son jardin, les yeux humides,
Tout pâle encore, avec des sourires timides,
On voulut le porter en triomphe. Il fallut
Qu'il dît à quel miracle il devait son salut ;
On vint de toutes parts écouter son histoire ;
Les pivoines brillaient, fières de leur victoire ;
Et l'on se promena sous les verts arbrisseaux,
Aux chansons des enfants et des petits oiseaux,
Jusqu'à ce qu'on sentît frissonner la nuit brune.

## VI

Or, le quinzième jour de la huitième lune,
Le temps était si doux, le ciel était si pur,
Un si tendre baiser s'exhalait de l'azur,
Que chacun dans son cœur sentait battre des ailes.
Le vieillard contemplait ses fleurs toujours plus belles,
Dont l'âme errait parmi sa contemplation.
L'air s'émut d'une étrange et sainte émotion :
L'on entendit vibrer dans la paix infinie
De sublimes accords d'amour et d'harmonie ;
Tout semblait pénétré d'un charme solennel ;
Un suave parfum, léger, surnaturel,
Délicieusement embaumait l'atmosphère.
On vit voler au loin les oiseaux qu'on révère,
Les cigognes de neige et les beaux phénix bleus ;
Puis, sur une nuée aux reflets fabuleux,
Flottèrent des drapeaux couverts de broderies ;
Et, dans le ruisselant éclat des pierreries,
Sous l'écharpe de soie aux limpides couleurs,
Triomphale, apparut la Déesse des Fleurs.


Le vieillard prosterna son front blanc jusqu'à terre.
« -– Ami, dit la Déesse à l'humble solitaire,

Redresse-toi sans peur ! Sois fier, sois radieux !
Ton amour pour les fleurs te vaut l'amour des Dieux,
Et la fatalité des épreuves humaines
N'existe plus pour toi. Je t'ouvre mes domaines,
Suis-moi ! Tu trouveras dans un monde enchanté
La jeunesse éternelle et la pure beauté. »
Tsieou fut soulevé par un souffle invincible ;
Et tout ce qu'il aimait, les fleurs, l'enclos paisible,
Tout montait avec lui, flottait, montait encor,
L'accompagnant au ciel sur un nuage d'or.

# TABLE

AVEC INDICATION DES ORIGINES

# TABLE

AVEC INDICATION DES ORIGINES

## *PRINTEMPS*

## AUTOMNE

TABLE 189

## VERS HÉROIQUES

## CONTES ET LÉGENDES

## PRINCIPAUX VOLUMES CONSULTES

*Le Livre des Vers*, Traduction Pauthier.

*Poésies de l'Époque des Thang*, par le marquis d'Hervey de Saint-Denys.

*Choix de Contes et Nouvelles traduits du chinois*, par Théodore Pavie.

*Le Livre de jade*, par Judith Walter.

*La Chine familière et galante*, par Jules Arène.

*Les Chinois peints par eux-mêmes*, par le Général Tcheng-ki-tong.

*Achevé d'imprimer*

Le dix août mil huit cent quatre-vingt-six

PAR

## ALPHONSE LEMERRE

25, RUE DES GRANDS-AUGUSTINS

*A PARIS*

www.ingramcontent.com/pod-product-compliance
Lightning Source LLC
Chambersburg PA
CBHW070607100426
42744CB00006B/425